COMMERCIAL
LITIGATION

企業訴訟
実務問題
シリーズ

森・濱田松本法律事務所 [編]

弁護士 飯田耕一郎・田中浩之・渡邉 峻 [著]

Software Litigation

システム開発訴訟

第2版

中央経済社

第2版はしがき

　早いもので第1版の出版から5年が経過しようとしている。この間に，民法（債権関係）改正法が施行されたが，旧法・新法の適用関係は契約締結時点により規律されるため，しばらくは改正前民法と改正民法を事案ごとに使い分ける期間が続きそうである。システム開発の契約実務においては，契約不適合責任の存続期間など，改正により留意すべき点がいくつか存在するが，紛争解決の場面では今のところ大きな影響は生じていないようである。

　しかし，この5年の間にも，企業にとってシステム開発の重要度および複雑性は高まる一方で，たとえばビッグデータの利活用，ディープラーニング（AI）の実用化等のチャレンジングな開発案件をアジャイル方式で進めるような場面も増加している。そのような大きな潮目の中で，残念ながら紛争に至る案件もコンスタントに増加しており，実務法律家にとっても，システム開発紛争という分野が専門領域の一つとして完全に定着してきたように思われる。

　本第2版においては，新進気鋭の渡邉峻弁護士を執筆者に加え，第1版以後の新たな裁判例や，そこにあらわれた裁判所の判断の傾向を取り込み記述を発展・充実させるとともに，改正民法の施行に伴う条文や表記の修正を加えた。引き続きお手元の書籍の一端に加えていただき，システム開発紛争の予防法務や，万一不測の事態が生じた場合の参考としていただければ幸いである。

　令和4年5月

弁護士　飯　田　耕一郎
弁護士　田　中　浩　之
弁護士　渡　邉　　　峻

はしがき

　本書は，「企業訴訟実務問題シリーズ」の1冊として，システム開発訴訟（紛争）を専門に取り扱うものである。

　システム開発紛争とは，典型的には，何らかの原因で失敗に終わった情報システムの開発プロジェクトに関して，当該システム開発に関する業務を委託したユーザと，受託したベンダとの間で生じる紛争である。このような場合，ユーザからベンダに対しては主に損害賠償請求が行われ，ベンダからユーザに対しては主に報酬請求が行われる。

　明確な統計があるわけではないが，いくつかの公刊物から推し量れる状況からみても，筆者が弁護士として相談を受けている経験からみても，システム開発紛争は，近年明らかに増加している。その大きな要因の1つとして，情報システムおよびその開発手法の大規模化・複雑化・多様化により，ユーザおよびベンダの双方にとって，システム開発プロジェクトの遂行自体が非常にチャレンジングな仕事となっていることが挙げられる。システム開発やプロジェクト管理の手法も洗練され，自動化・緻密化してきてはいるが，トラブルとなった事案を見ると，多数の優秀なエンジニアが関与していながら，それを超える要件や課題の数・難易度に圧倒され，人間の能力の限界に挑戦しているような事例が少なくない。今後も，企業活動において情報システムの担う役割が一層増加していくことは明らかであり，大規模・困難な開発プロジェクトが全体として増えることはあっても，減ることはないと思われる。残念ながら，その中に一定数の失敗プロジェクトが発生することも不可避であろう。ユーザおよびベンダが膨大な費用と労力をかけて遂行してきたプロジェクトが結果的に失敗に終われば，その原因に関する両者の見解が一致するという稀な幸運に恵まれない限り，多くのケースは紛争に突入することになる。

　そして，システム開発紛争は，ひとたび発生すると容易に長期化・泥沼化する。かかっている金額の大きさもさることながら，プロジェクトが失敗に終わった原因について，ユーザとベンダの意見が全く噛み合わないことが大きな要因である。ユーザは，ベンダがユーザの業務をきちんと理解していなかった，

開発能力が低いためにバグだらけのプログラムを作成した等と主張し，ベンダは，ユーザが無理な注文や仕様変更を繰り返した，非協力的であった等と主張し，双方が強い被害者意識を有していることが多い。これらの主張は，多くの人間が長期にわたって行ってきた細かなやりとりや，そこで生じたさまざまな現象の集積であるから，調査すべき事実は山ほど存在する。また，システム開発の現場では大量のドキュメントが作成され，関係者間のメールその他の通信記録も多数に上るから，一つひとつの事実を確認するために参照すべき証拠も，膨大な量となる。

　さらに，紛争が法務部や弁護士間の法的な交渉を経て，裁判の場に持ち込まれると，当事者双方は，手続的な負担にさらされる。あとで詳しく述べるように，少なくとも現状では，システム開発訴訟について迅速・効率的な訴訟運営が行われることは期待しがたく，１審段階だけで４～５年かかることも珍しくない。

　本書は，このように困難な紛争に巻き込まれてしまった企業（ユーザおよびベンダの双方）の担当者向けに，紛争の発生から解決までの道程を指南することを主題とする。システム開発紛争の特徴や，そこでの留意点等に関しては，すでにいくつかの公的な報告書や類書がある（巻末の参考文献参照）。本書では，それらの記述を敷衍し，押さえるべき裁判例は押さえつつも，なるべく平易に読めるよう構成と表現を工夫した。

　なお，裁判例の判旨の紹介においては，原告・被告といった表現ではなく，ユーザ・ベンダといった役割分担がわかる表現に変更する等して，理解が容易になるように適宜編集している。そのため，判旨は一言一句そのまま裁判例を引用しているわけではない。

　まず第１章では，システム開発訴訟において主に問題となる争点を解説し，必要な主張立証の内容について詳述した。訴訟の勝敗を決する要件事実と，それを立証するための証拠について具体的に解説することにより，担当者がそれぞれの場面で「何を考えるべきか」理解していただくことを目的としている。システム開発契約の基本的な知識と実務についても適宜触れている。もとより，訴訟対応において採用すべき戦術や訴訟の勝敗見込みの判断は，専門家である弁護士に委ねるべき領域であるが，担当者が必要な事実・証拠について基礎的

な知識を有していれば，弁護士のアドバイスに対する理解度も自ずと深まるものである。

　次に第2章では，システム開発紛争の各段階で必要となる立ち回りや判断のポイントを，時系列に沿って具体的に解説することにより，担当者がそれぞれの場面で「何をすべきか」をつかんでいただくことを目的としている。

　第1章と第2章は，システム開発紛争に的確に対応するための，いわば縦糸と横糸であり，両方を織り込んで理解することにより，危機に直面しても動じない強じんな対応力を身につけることができる。

　最後に，第3章では，民法（債権関係）の改正法の影響について解説している。

　システム開発紛争で問題となる争点は，事実認定の面からも法的な評価の面からも，容易には結論を出せないものばかりである。これに，実務における契約慣行や裁判所における手続の制約も加わって，システム開発紛争に巻き込まれたユーザおよびベンダの苦難は現状著しいものがある。システム開発紛争の迅速な解決の糸口となるのは，当事者であるユーザ，ベンダ双方による，証拠をふまえた事実認識と，法律や裁判例をふまえた評価に基づく冷静かつ合理的な議論である。システム開発プロジェクトはユーザとベンダの共同作業であるがゆえに，互いに相手方に対する不満が蓄積することはよくある。しかし，一方に100％非があるケースは非常に少なく，相手方の非を唱える側にも，同時に自分の落ち度に対する後ろめたさがある場合が多い。そこを両者が客観視できれば，紛争の泥沼化は防ぐことができる。

　本書はまだまだ未完成の拙い内容であるが，微力ながらもシステム開発紛争の防止と解決の一助となれれば幸いである。

　平成29年6月

弁護士　飯　田　耕一郎

弁護士　田　中　浩　之

目　次

第 1 章　システム開発訴訟の主な争点と必要な主張立証

第2章　紛争段階ごとの必要な対応

第3章　システム開発訴訟と民法改正

■法令

改正法：民法の一部を改正する法律（平成29年法律第44号）

民法：改正法による改正後の民法

旧民法：改正法による改正前の民法

■判例集・雑誌

民集：最高裁判所（大審院）民事判例集

判時：判例時報

判タ：判例タイムズ

金判：金融・商事判例

システム開発訴訟の主な争点と必要な主張立証

　本章では，システム開発訴訟の主な争点と，争点ごとの必要な主張立証について解説する。システム開発訴訟においてしばしば問題となる個別の争点について，過去の判例を踏まえつつ，必要な主張立証を考察する。

　第2節では，契約成立の有無・内容に関する争点と，契約不成立の場合にも報酬請求を認める根拠について解説する。第3節では，債務不履行・契約不適合（瑕疵）の有無・帰責事由・危険負担について解説し，近時注目されているベンダのプロジェクトマネジメント義務とユーザの協力義務についても詳述する。第4節では，解除に関する論点を整理し，第5節では，損害賠償に関する論点を整理する。なお，改正法による改正（特に瑕疵担保責任の契約不適合責任への改正）は，本章でも必要に応じて整理しつつ，第3章でまとめて後述する。

第1節

はじめに

　システム開発に関するユーザ・ベンダ間（あるいは元請ベンダ・下請ベンダ間）の紛争にはさまざまなものがあるが，多くは，ユーザのベンダに対する損害賠償請求（または契約解除に伴う原状回復請求）と，ベンダのユーザに対する未払報酬請求（および損害賠償請求）のいずれか，あるいは両方（本訴・反訴）の形態で行われている。

　まず，システム開発紛争（訴訟）の法的な論点を概括したフローチャートを次頁に示す。

　以下，典型的な紛争類型ごとに，ユーザおよびベンダの請求の法的根拠を説明したうえで各論点の解説を行っていくが，このフローチャートを適宜参照されたい。

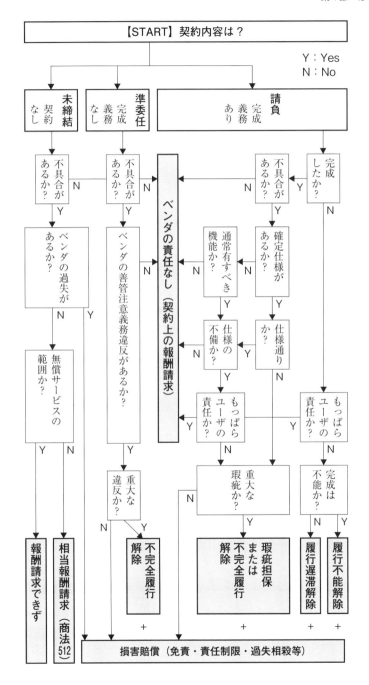

第2節

契約成立の有無・内容に関わる論点

1　紛争ケースと請求の内容

　多くのシステム開発は，ユーザ内での稼働開始目標時期がすでに決まっており，それを遅らせることはできないという状況下でスタートする。そこで，契約書の締結は後回しになり，とりあえず開発に着手してしまうという例も多い。また，後述の多段階契約の方式を採る場合も，同様に各個別契約の取り交わしが遅れているうちに，後のフェーズの作業が先行して進んでしまうことがある。この場合も，当該個別契約との関係では同じ問題が生じることになる。

　このような場合でも，結果的に両当事者の合意が成立し，契約書が後追いで作られれば，契約の成立自体には争いがなくなるのが通常である。しかし，契約書を交わす前にプロジェクトが途中で中止になってしまうと，ユーザが契約の成立自体を争い，報酬を支払わないケースがある。その背景にある理由はさまざまであるが（たとえば，ベンダの能力に不安を抱いた，採用したパッケージが自社の業務には適合しないことが判明した，経営環境の急な変化により，プロジェクト自体が不要になったなどという理由が述べられる），ユーザとしては，契約書が交わされていないことを根拠に，当該ベンダとの契約はまだ成立しておらず，契約を結ばないのは自由であると主張して，プロジェクト自体をやめてしまったり，他のベンダに切り替えてしまうということがあり得る。

　このような場合，ベンダとしては，契約書は作成されていないものの，口頭で契約が成立しているとしてユーザに対する未払報酬請求を行うことが考えられる。そうすると，ユーザ・ベンダ間では契約成立の有無が争点になる。また，ユーザの側でも，ベンダに対して債務不履行に基づく損害賠償請求を行うには，

その前提として契約の成立を主張，立証する必要がある。さらに，開発途中における納期や代金額変更合意の成立が争われるケースもある。

　そのような争いの結果，事実として契約の成立が認められない場合であっても，ベンダからユーザに対しては商法512条に基づく報酬請求が認められる可能性がある。また，ユーザもベンダも，契約締結上の過失（信義則）に基づく損害賠償請求を行うことが考えられる。これらの請求に関しても本節で取り上げる。

② 契約成立の有無の認定

　一昔前の建築請負などでは口頭による契約の成立も広く認められる傾向にあったが，企業間の契約実務が成熟した現代にあっては，システム開発に関する契約の成立や変更合意の成立は，合意内容を明確に記した契約書がなければ認められにくいのが通常である。契約書がない場合，事前にやりとりされた提案依頼書（RFP），提案書，見積書，内示書，担当者同士のメール等の間接証拠の積み重ねにより，口頭による契約の成立を立証することになる。理論的には，これらの間接証拠の積み重ねにより契約の成立が認められることはあり得るが，実際上のハードルはかなり高い。

　なお，追加開発（仕様変更）の合意については，別項目で，⑦として論じる。

　契約書がないことにより契約成立を否定した裁判例は多数存在するが，以下でいくつか紹介しておく。

〈1〉 東京地判平17・3・28ウエストロー2005WLJPCA03280008

事　案	ベンダ（原告）が，ユーザ（被告）に対し，主位的に，コンピュータシステムの開発を請け負う旨の契約をユーザから解除されたことにより損害を被ったとして，民法641条に基づく損害賠償を求め，予備的に，契約締結上の過失責任に基づく損害賠償を求めた事案である。
結　論	ベンダの請求を棄却。
取り上げる争点	ベンダとユーザ間の請負契約の成否
判　旨	否定

	ベンダがユーザに契約書のサンプルを送り，また，ユーザがベンダに覚書の締結を提案しているにもかかわらず，結局，両者の間で何らかの合意文書を作成することはなかったのであるから，ベンダとユーザとの間でベンダ主張の請負契約が締結されたとは容易には認められない。

〈2〉東京高判平21・5・27ウエストロー－2009WLJPCA05278001

事　案	ユーザ（被控訴人，1審被告）からホームページの制作等の業務を請け負ったとするベンダ（控訴人，1審原告）が，主位的に，請負契約が成立していたにもかかわらずユーザがそれを解除（任意解除）したため損害を被ったと主張して民法641条に基づく損害賠償を請求し，予備的に，ユーザには契約締結上の過失責任があり，これによって損害を被ったと主張して，その損害賠償を請求した事案である。
結　論	ベンダの予備的請求を一部認容。
取り上げる争点	ベンダとユーザ間の請負契約の成否
判　旨	否定 　3月23日ころ，ベンダの担当者Aが，ユーザの担当者Cに対し，電話のやりとりの中で，契約を結ぶのが遅れるのであれば納期の方もずれ込むという話をしたところ，Cは納期は最初の話どおりきちんと守ってほしい，契約の方は間違いないから何とかしてほしいと求めた。それに対し，Aが「当社が進められることをしておきます。」と答えたところ，Cも，納期が遅れては困るので作業を進めてほしい旨答えた。Cから，Aに対し，契約書の案について修正依頼があったため，4月6日，Aは，電子メールで依頼に沿って修正したシステム開発受託契約書およびホームページ保守契約書の案を送付した。4月9日，Aは，電子メールで，Cに対し，Aらがユーザの本社を訪問する日程の調整を求めた。4月10日，Cは，電子メールで，Aに対し，「最終的に頂いた書類一式をふまえ，現在最終的な決裁の承認待ちの状態です。決裁が下りるまで今週中はかかると思いますので，来週半ば18日ではいかがでしょうか？」と伝えた。なお，この日取りは，Cが契約締結権限のある幹部の都合も聞いたうえで伝えたものであった。Aは，電子メールで，Cに対し，18日で了解した旨伝えた。その結果，同日にユーザの本社で正式に契約書を取り交わすことになったものである。4月13日，Cは，電子メールで，Aに対し，交渉を白紙に戻したい旨を伝えた。

ベンダは，3月23日ころ，ベンダとユーザとの間で，システム開発に関する請負契約が成立したものと主張するが，前記認定事実によれば，請負契約が前記時点でいまだ成立していないことは明らかである。

　次の裁判例〈3〉は，ベンダがユーザに対して，内容に具体性がない提案書を出し，ユーザがベンダに対して，採用通知を出していたという事案において，今後システムの開発を委託する業者として交渉していく相手方をベンダに決定したことを意味するに止まるものとして，契約成立を否定している。

〈3〉　名古屋地判平16・1・28判タ1194号198頁

事　案	本訴請求は，ユーザである地方自治体（原告）が，ベンダ（被告）に対し，システム開発契約の成立を主張して，債務不履行に基づく損害の賠償等を求めた事案である。 　反訴請求は，ベンダがシステムの導入に関連して，ユーザとの間で，業務委託料等の請求をした事案である。
結　論	ユーザの本訴請求を棄却。ベンダの反訴請求を一部認容。
取り上げる 争　点	ユーザとベンダのシステム開発業務委託契約の成否
判　旨	契約の成立を否定 　ユーザは，本件提案書等の提出をもって，ベンダらによる契約の申込みである旨主張するが，本件提案書は，ベンダらにおいてユーザの業務内容等を十分に検討した上で作成されたものとは認められないうえ，その内容は必ずしも具体的でなく，ユーザらの要望に即した形でベンダらおよびその提供するシステム等の概要および長所を紹介したものとの域を出ないともいい得る。また，ユーザは，ベンダに対する本件採用通知の送付をもって，契約の申込みに対する承諾である旨主張するが，上記のとおり，本件提案書の内容は必ずしも具体的ではないのであるから，何について承諾をしたといえるのかが明確でなく，むしろ，本件採用通知の送付は，今後本件総合システムの導入を委託する業者として交渉していく相手方をベンダに決定したことを意味するに止まるものと解するのが相当である。以上によると，本件においては，ユーザとベンダとの間で，個別のシステムまたはプログラム等につき，仕様確認等の交渉を経て，カスタマイズの有無，カスタマイズの範囲および費用等につき合意がされた時点で，契約として成立することが予定されていたものというべきである。

> 　そうすると，ユーザがベンダに対して本件採用通知を送付したこと
> をもって，ユーザとベンダらとの間で，本件提案書および本件見積書
> 等に記載された内容に沿った一定の合意がされたとみる余地があると
> しても，その合意内容は，ユーザがベンダらに対してその履行を強制
> し，あるいはその不履行に対してただちに損害賠償を請求することが
> できるような性質のものということはできないし，また，それらが可
> 能であるという程度に特定または具体化されていたということもでき
> ない。

　また，1次下請ベンダから2次下請ベンダに対して「内示注文書」という書
面が交付されていたが，契約の成立が否定された事例として以下がある。

〈4〉東京地判平20・2・7ウエストロー2008WLJPCA02078011

事　案	コンピュータ機器の販売等を目的とする2次下請ベンダ（原告）が，1次下請ベンダ（被告）に対し，主位的請求として，1次下請ベンダとの間でコンピュータ機器一式の製作物供給契約が成立したにもかかわらず，1次下請ベンダが商品の受領を拒み，代金の支払をしなかったため，2次下請ベンダにおいて同契約を解除したところ，これによって損害を被ったと主張して，債務不履行に基づく損害賠償の支払を求め，予備的請求として，同契約が成立していなかったとしても，1次下請ベンダは契約締結上の過失責任を負うと主張して，不法行為に基づく損害賠償の支払を求めた事案である。
結　論	2次下請ベンダの請求を棄却。
取り上げる争点	2次下請ベンダと1次下請ベンダの請負契約の成否
判　旨	否定 　2次下請ベンダは，当初から，本件システムの導入について，金融機関であるエンドユーザがあり，元請があり，その一部を1次下請ベンダが下請するという体制となっており，さらにその一部について2次下請ベンダに打診が来ているものであること，エンドユーザと元請，元請と1次下請ベンダとの間，いずれについても正式な契約は締結されておらず，本件システムの導入について提案段階であったことを認識していたと認められる。そして，その状況は，本件内示注文書の送付を受けた段階においても変わりはなく，1次下請ベンダが，2次下請ベンダに対し，正式な発注をできる状態にはないこと，そして，そのことを2次下請ベンダにおいても認識していたと認められる。2次下請ベンダは，このような認識のもと，1次下請ベンダに対し，内示

	注文書の交付を要求しているが，それは2次下請ベンダの社内手続上，ラック業者を動かすために必要であるとの説明に基づいて，1次下請ベンダの担当者が作成したものにすぎないのであるから，これをもって契約が成立したと認めることはできない。

業務委託基本契約の締結だけでは具体的な業務に関する個別契約の成立は認められず，かえって同基本契約に定められた発注書・発注請書の交付がないことを理由に契約の成立を否定した事例として以下がある。

〈5〉東京地判平20・7・10ウエストロー2008WLJPCA07108003

事　案	元請ベンダ（原告）と下請ベンダ（被告）は，いずれもシステム関連の業者である。下請ベンダから，システム・エンジニアリング・サービス業務（なお，下記記載のシステム開発業務とは別件である）を受託した元請ベンダが，下請ベンダに対し，業務委託料を請求し，下請ベンダが元請ベンダから受託したシステム開発業務を行ったとして，その業務委託料との相殺を主張した事案である。
結　論	元請ベンダの請求を全部認容。
取り上げる争点	元請ベンダと下請ベンダのシステム開発業務委託契約の成否
判　旨	否定 　下請ベンダは，元請ベンダとの間で本件基本契約が締結されているうえ，本件開発業務が，継続的に行う統合システムの開発業務であって，遅くとも平成19年1月19日の時点では，同年2月分の業務について，21人の作業人員およびその単価が確定し，同月19日から同月23日までの間（2月第3週分），実際に本件開発業務に従事したのであるから，前記期間の業務委託料を請求することができる旨主張する。しかしながら，本件基本契約は，あくまでも包括的な契約であって，元請ベンダと下請ベンダとの間の大枠を定めたものにすぎず，元請ベンダが発行する「注文書」によって下請ベンダに委託する業務の具体的な内容が定まり，下請ベンダが元請ベンダに対して「注文請書」を発行することで，具体的な業務委託契約が締結されるものとされ，元請ベンダは下請ベンダに対し「注文書」の定める対価を業務委託料として支払うこととされているのであるから，個別の「注文書」や「注文請書」がない限り，本件基本契約のみによって，具体的な業務委託料が発生するものではないというべきである。そして，本件においては，（2月第3週分）については「注文書」は発行されていないから，元請ベンダから下請ベンダに対し，前記期間について本件開発業務は委

> 託されておらず，したがって，その期間の業務委託料も発生していないものというほかはない。

3　契約内容の認定

　契約の成立自体に争いがなくても，契約の内容に争いが生じる場合がある。特に，開発すべきシステムの内容（仕様）や納期など，債務不履行に直結する契約内容について争いが生じることが多い。

　契約書やその添付書類に債務の内容が明確に記述されている場合には，契約内容はそれに従って認定されることになる。また，契約書で引用されている設計書や仕様書に明確な記述がある場合も同様である。

　問題は，そのような明確な記述がない場合である。契約の成立自体については，前述のように契約書がないとなかなか認定されないが，開発すべきシステムの範囲や内容，納期等の個別の契約条件については，裁判所は，契約書に明記されない合意の成立をより柔軟に認める傾向にある。システム開発契約に関するすべての合意内容を契約書等に逐一詳細に記述することは，実際上困難だからである。

　以下では，仕様に関する合意と納期に関する合意について裁判例を紹介する。報酬額に関する合意については，商法512条の相当報酬の認定と重なるため，後記⑧(1)を参照されたい。

(1)　仕　　様

　システム開発紛争においては，前提としていかなる仕様で開発を進めることが合意されていたかの認定が重要である。以下，典型的なシステム開発手法に従って，簡潔に説明する。

　システム開発において最も一般的な開発手法は，ウォーターフォール型開発[1]である。ウォーターフォール型開発は，滝の水が流れていくように，上流

1　他には，システム開発手法として，反復型，プロトタイプ型，アジャイル型等がある。アジャイル型については，32頁で後述する。

段階（フェーズ）から下流段階（フェーズ）に向かって，各段階（フェーズ）を後戻りしない前提で，開発が進められていく。ユーザがシステムに要求される要件を定める要件定義段階（フェーズ），ユーザが画面遷移等システムがどう動き，どのようなユーザインターフェイスになるのか等についての設計をする基本設計（外部設計）段階（フェーズ）を経て，仕様が定まる。その後，ベンダが，基本設計（外部設計）に従ったプログラミングをするための設計である詳細設計（内部設計）段階（フェーズ）に移行し，その後，詳細設計（内部設計）に従って，実際のプログラミングを行う開発段階（フェーズ）に進み，最後に，テスト段階（フェーズ）に進んでいく。

　一括請負契約の場合には契約締結後に，多段階契約の場合にも基本契約締結後に，要件定義や基本設計（外部設計）で仕様を定めることになるため，当初の契約書には具体的な仕様の記載はなく，契約締結時点においては仕様が合意されておらず，契約成立後に，徐々に仕様が確定していくということになる。

　仕様の認定にあたっての最重要の基本的な証拠は，要件定義書[2]と基本設計書[3]である。また，提案書も同様に重要な証拠であるが，提案書段階では仕様が具体化していない場合があることに留意が必要である。他に，打ち合わせ議事録，電子メール等も仕様の認定にあたり，有益な証拠となる。

　以下では，証拠に基づいて仕様を認定した裁判例をいくつか紹介しておく。

2　司法研修所編（司法研究報告書第65輯第1号）『民事訴訟における事実認定－契約分野別研究（製作および開発に関する契約）』（法曹会，2014年）103頁は，「システム化する範囲，ならびにユーザの業務を遂行する上でシステムが実現しなければならない機能に係る要件（機能要件）および機能要件以外のすべての要素に係る要件（非機能要件。信頼性，セキュリティ，移行・運用方法に関する要件）を明らかにして，ユーザ内部の利害関係者（経営陣・業務部門・情報システム部門等）の合意を取り付け，これをまとめた文書」と定義している。

3　司法研修所編（司法研究報告書第65輯第1号）『民事訴訟における事実認定—契約分野別研究（製作および開発に関する契約）』（法曹会，2014年）105頁は，「ユーザが日常の業務において使用する画面や帳票等のインターフェイス等，システムの入出力全般に関する仕様を定めた設計書」と定義している。

〈6〉東京地判平23・4・6ウエストロー2011WLJPCA04068002

事　案	医療法人であるユーザ（原告）が，ベンダ（被告）に対し，ベンダとの間で，歯科医院向けのレセプトコンピュータシステムの開発請負契約を締結し，ベンダに請負代金を支払ったものの，ベンダが納入期限経過後もシステムを完成させないとして，債務不履行により前記開発請負契約を解除し，原状回復請求権に基づき，前記請負代金の返還等を求めた事案である。
結　論	ユーザの請求を一部認容。
取り上げる争点	ユーザとベンダとの間で合意されたシステムに関する仕様の内容
判　旨	仕様書等に基づき仕様を認定 　①本件元請契約においては，業務の詳細はユーザ向けレセプトお見積仕様書に定めるものとされ（本件元請契約1条），本件下請契約においては，業務の詳細は見積ユーザ向けレセコンシステムに定めるものとされていること（本件下請契約1条），②ベンダは，平成20年2月29日，ユーザに対し，ユーザ向けレセコンシステム見積仕様書（本件見積書）を提出したこと，③下請ベンダは，本件下請契約に基づき，本件システムに係る要件定義から結合テストに至る工程を請け負い，その要件定義の業務に係る書面として，平成20年6月2日，ベンダに対し，同年5月31日付け要件定義，業務フローおよび今フェーズ開発に関する業務範囲をそれぞれ提出したこと，④ベンダは，同年7月ころ，ユーザに対し，「大分類」，「中分類」，「Ph1」，「内容」欄が記載された本件一覧表を提出したことがそれぞれ認められる。これらの事実に照らせば，ユーザ向けレセコンシステムお見積仕様書，要件定義，業務フロー，今フェーズ開発に関する業務範囲および本件一覧表は，それぞれ本件元請契約の業務範囲に係る合意内容を示すものと認められるから，本件一覧表のうち「大分類」，「中分類」，「Ph1」，「内容」欄記載の内容は，それぞれ本件元請契約に基づきベンダがユーザに対して本件システムに備えるべき機能として提供する義務を負うものと解するのが相当である。

〈7〉東京地判平16・3・10判タ1211号129頁

事　案	本訴請求は，ユーザ（原告）が，ベンダ（被告）との間で「第2次電算システム」開発業務委託契約を締結したが，ベンダが債務の本旨に従った履行をせず，納入期限までにシステムを完成させなかったばかりか，不当に追加費用の負担や構築するシステム機能の削減を要求

	してきたなどとして，ベンダに対し，前記業務委託契約の債務不履行解除を原因とする原状回復請求権に基づき，支払済みの委託料等の返還を求めるとともに，債務不履行による損害賠償等の支払を求めた事案である。 　反訴請求は，ベンダが，ユーザに対し，協力義務違反等を理由とする債務不履行による損害賠償等の支払を求めた事案である。
結　　論	ユーザの本訴請求を一部認容。ベンダの反訴請求を棄却。
取り上げる 争点	ユーザとベンダの間で合意されたシステムに関する仕様の内容
判　　旨	**提案書に基づき仕様を認定** 　ベンダは，本件電算システム開発契約の締結にあたり，ユーザと契約書を取り交わしているうえ，契約締結に先立ち，本件電算システム提案書を提出し，その内容に基づくシステム開発を提案し，これを了承したユーザと本件電算システム開発契約を締結したものであるから，本件電算システム提案書は，契約書と一体を成すものと認められる（本件電算システム提案書と契約書の一体性は，ベンダも争っていない。）。したがって，ベンダは，本件電算システム開発契約の契約書およびこれと一体を成す本件電算システム提案書に従って，これらに記載されたシステムを構築し，納入期限までに本件電算システムを完成させるべき債務を負っていたということができる。

　以下の裁判例〈8〉では，仕様書に記載のない遠隔操作機能について，開発依頼を受けたものと認定している。

〈8〉東京地判平16・6・23ウエストロー2004WLJPCA06230012

事　　案	本訴請求は，ベンダ（原告）が，旅行業者であるユーザ（被告）に対し，ウェブ・サイトの機能を追加することを目的とするソフトウェア開発委託契約に基づき，ユーザの発注したソフトを完成し引き渡したとして，残代金の支払等を求めた事案である。 　反訴請求は，ユーザが，ベンダに対し，本件ソフト開発契約の解除による原状回復請求権に基づき，支払済みの代金の返還等を求めた事案である。
結　　論	ベンダの本訴請求とユーザの反訴請求をそれぞれ一部認容。
取り上げる 争点	ユーザとベンダの間で合意されたシステムに関する仕様の内容
判　　旨	**さまざまな間接事実の積み重ねにより仕様を認定**

> 　本件ソフト開発契約の仕様書には，遠隔操作機能について記載されていない。しかし，もともとソフトウェアの仕様書は複雑なものであり，専門家でなければ容易にわかり得ないものであるから，仕様書に記載がないからといって，契約の内容になっていないということはできない。
>
> 　①旅行業界においては，たとえば航空券の場合，時期によって料金が異なったり，料金が変更されたりするため，その都度これをベンダに依頼して行うのではなく，遠隔操作機能によって，ユーザが直接サーバーのデータを変更することが不可欠とされていること，②ユーザも，そのような観点から，契約締結に先立ち，ベンダとの打ち合わせの過程で，そのことをベンダに伝え，ベンダの了解を得ていたこと，③その結果，ベンダが作成した構成図には，「リモートメンテ機」として，遠隔操作機能を示す記載がされていること，④ベンダが作成した「TravelSquare 作業項目について」と題する書面および「Travel-Square 残作業項目」と題する書面にも，「リモートデータメンテ」として，遠隔操作機能を示す記載があることが認められる。
>
> 　前記認定の事実によれば，遠隔操作機能については，本件ソフト開発契約の仕様書には記載がないものの，ベンダは，ユーザから，口頭で，遠隔操作機能の開発依頼も受けたものというべきである。

　以下の裁判例〈9〉では，その当時の技術水準に沿ったセキュリティ対策を施したプログラムを提供するという「黙示の合意」が認定されている。

　認知度が低い脅威に対する網羅的なセキュリティ対策の実施義務が明示的な合意もなく認定されるということはないが，業界において対策をすることが常識の範疇に属するようなセキュリティ対策については，明示的な合意がないからといって，対策しなくてよいとすることは不合理であることから，このような認定に至ったものと思われる。

〈9〉東京地判平26・1・23判時2221号71頁

事　案	ユーザ（原告）が，ベンダ（被告）との間で，ユーザのウェブサイトにおける商品の受注システムの設計，保守等の委託契約を締結したところ，ベンダが製作したアプリケーションが脆弱であったことにより上記ウェブサイトで商品の注文をした顧客のクレジットカード情報が流失し，ユーザによる顧客対応等が必要となったために損害を被ったと主張して，ベンダに対し，上記委託契約の債務不履行に基づき損害賠償等の支払を求めた事案である。

結　論	ユーザの請求を一部認容。
取り上げる 争点	ユーザとベンダの間で合意されたシステムに関する仕様の内容
判　旨	**黙示の合意により仕様を認定** 　ベンダは，平成21年2月4日に本件システム発注契約を締結して本件システムの発注を受けたのであるから，その当時の技術水準に沿ったセキュリティ対策を施したプログラムを提供することが黙示的に合意されていたと認められる。そして，本件システムでは，金種指定詳細化以前にも，顧客の個人情報を本件データベースに保存する設定となっていたことからすれば，ベンダは，当該個人情報の漏えいを防ぐために必要なセキュリティ対策を施したプログラムを提供すべき債務を負っていたと解すべきである。 　経済産業省は，平成18年2月20日，「個人情報保護法に基づく個人データの安全管理措置の徹底に係る注意喚起」と題する文書において，SQLインジェクション攻撃によってデータベース内の大量の個人データが流出する事案が相次いで発生していることから，独立行政法人情報処理推進機構（以下「IPA」という）が紹介するSQLインジェクション対策の措置を重点的に実施することを求める旨の注意喚起をしていたこと，IPAは，平成19年4月，「大企業・中堅企業の情報システムのセキュリティ対策～脅威と対策」と題する文書において，ウェブアプリケーションに対する代表的な攻撃手法としてSQLインジェクション攻撃を挙げ，SQL文の組み立てにバインド機構を使用し，またはSQL文を構成するすべての変数に対しエスケープ処理を行うこと等により，SQLインジェクション対策をすることが必要である旨を明示していたことが認められ，これらの事実に照らすと，ベンダは，平成21年2月4日の本件システム発注契約締結時点において，本件データベースから顧客の個人情報が漏えいすることを防止するために，SQLインジェクション対策として，バインド機構の使用またはエスケープ処理を施したプログラムを提供すべき債務を負っていたということができる。

　逆に，以下の裁判例〈10〉，〈11〉では，書面に明記されていないことを理由に，仕様に関するユーザの主張が排斥されている。

〈10〉東京地判平21・2・18ウエストロー2009WLJPCA02188008

事　案	ユーザ（原告）がベンダ（被告）に対して，ベンダの開発したWeb調剤・薬歴管理システムの機能の未完成等を理由に開発契約を解除したとし，既払の開発費用相当の損害賠償を請求した事案である。
結　論	ユーザの請求を棄却。
取り上げる争点	ユーザとベンダの間で合意されたシステムに関する仕様の内容
判　旨	**仕様に関する合意の成立を否定** 　ユーザは，本件契約の前後におけるレセプト業務の電子化についての厚生労働省の積極的推進の方針や省令の改正等を挙げて，電子レセプトが今後のレセプト業務の主流となることが明らかであるとし，電子レセプト機能は必須の主要機能として開発導入することが契約当初から予定されていた旨主張する。しかし，電子レセプト機能を備えることが本件契約において予定されていたのであれば，その旨が本件契約書等に明記されるはずであるが，基本設計書にもそのような記載はなく，かえってバージョンアップにて対応と明記されているのであって，厚生労働省の方針やこれに基づく今後のレセプト業務の見通し等は当事者の合意があったことの根拠となるものではない。

〈11〉東京地判平23・8・26ウエストロー2011WLJPCA08268017

事　案	本訴請求は，ベンダ（原告）が，ユーザ（被告）から，システムの構築等を請け負ったとして，請負代金等の支払を求めた事案である。 　反訴請求は，ユーザが，前記請負契約に基づくベンダの債務が履行不能になったとして，債務不履行に基づく損害賠償請求を行った事案である。
結　論	ベンダの本訴請求を認容。ユーザの反訴請求を棄却。
取り上げる争点	ベンダとユーザの間で合意されたシステムに関する仕様の内容
判　旨	**仕様に関する合意の成立を否定** 　本件システムは，平成18年7月10日に稼働した際，数時間の間にエラーが発生し，夕方にシステムダウンに至り，その後，少なくとも同年8月14日時点においても，障害が発生し得る状況にあったもので，同年7月10日ころにおいて，安定的に稼働していたとはいうことはできない。しかし，システムの安定性は，機能の有無とは異なる要件（非

> 機能要件）であるとともに相対的な概念であるから，ベンダに対して本件システムの安定性の確保を法的に義務付けるためには，本件システムの稼働率（障害発生の頻度，発生時間の上限等）等について具体的な数値をもってベンダ・ユーザ間で合意することを要するのが本来というべきである。そして，本件基本契約においても，ベンダは，本件システムがユーザにおいて一定の目的を達成することを保証するものではないとされるとともに，システム開発に関しては仕様書との不適合以外の事柄に対しては責任を負担しないことが示されている。ところがベンダ・ユーザ間に，本件システムの安定性についての特段の合意があった様子はなく，これらからすると，本件システムの不安定性を理由として，ベンダにおいて，債務の本旨にかなった履行をしていないと主張し得る余地は，仮にあるとしても小さいものといわざるを得ない。

　さらに，以下の裁判例〈12〉でも，プロジェクト計画書に記載されていた目的達成そのものを義務とするようなユーザの主張が排斥されている。

〈12〉東京地判平22・12・28判タ1383号241頁

事　案	本訴請求は，ベンダ（原告）が，ユーザ（被告）との間のパッケージソフトウェアの使用許諾契約，保守契約，導入支援業務契約およびアドオン開発業務契約に基づき，ユーザに対し，使用許諾料，保守料，導入支援業務料，アドオン開発業務料および追加支援業務料の支払を求めた事案である。 　反訴請求は，ユーザが，販売・購買業務の効率化およびCRM（顧客関係管理。Customer Relation Management）の基盤作りを行うとともに，役員がユーザのすべての業務を正確に把握し適切な経営判断を行うことができるようにすることを目的として（以下，これらの目的をまとめて「本件目的」という），ベンダとの間で，ベンダがユーザの基幹情報システムの開発を請け負う旨の請負契約を締結したにもかかわらず，ベンダが開発した基幹情報システムには多岐にわたる不具合があったとして，債務不履行または瑕疵担保責任に基づき，損害の賠償を求めた事案である。
結　論	ベンダの本訴請求を全部認容。ユーザの反訴請求を棄却。
取り上げる争点	ユーザとベンダの間で合意されたシステムに関する仕様の内容
判　旨	**本件目的を達成するためのシステム開発を委託したことを否定** 　ベンダが受託したのは，本件使用許諾契約，本件保守契約，本件導

入支援業務契約および本件アドオン開発業務契約に基づく，SBOの使用許諾，保守サービスの提供，導入支援業務およびアドオン開発業務であると認めるのが相当である。

　本件プロジェクト計画書は，ユーザの説明を基にベンダが作成したものであると推認されるものの，このことからただちに，本件目的の達成がベンダ・ユーザ間の契約の内容になっていたものと認めることはできない。

　①本件目的は「業務の効率アップ」「CRMの基盤作り」「『見える経営』を行う」など抽象的なものであり，目標値も，「顧客との接点を増やす」「事務職の労力を内部統制・営業支援に振り分ける」「売上予想がより正確にできる」「過度な売上値引を抑制する」など，抽象的なものが多いうえ，「入力時間を50％削減する」「見積作成時間を50％削減する」「法定開示が法定日数内に行える」などという目標値は，パッケージソフトウェア導入後のユーザの経営管理や業務方法の在り方にかかっているものであって，パッケージソフトウェアの導入を支援するシステム開発会社であるベンダが，その達成を請け負うことができる性質のものではないこと，②本件プロジェクトのキックオフ後の打合せ議事録には，本件目的や目標値の達成について具体的に話し合った旨の記載がないこと，③本件プロジェクト計画書には，「上場会社になるため」など，それ自体が契約の性質を有するものとはいえない表現が用いられていること，④パッケージソフトの導入ガイドには，「プロジェクトのKick-offには，責任者の任命，実現レベルの設定，大枠のスケジュール作成，および導入段階のスケジュールの作成とプレゼンテーションを含む必要があります。プロジェクトの目的と成果についてパートナーとお客様で共通認識を得ることが重要です。お客様とビジネス目標をサーベイしてください。」との記載があることなどの事情を考慮すれば，ベンダがユーザの説明を基に本件プロジェクト計画書において本件目的の記述を作成したのは，本件プロジェクトが失敗しないようにするため，本件プロジェクトの目的と成果について共通認識を得るためのものであったと認められ，ユーザが，ベンダに対し，本件目的を達成するためのシステム開発を委託したものとまで認めることはできない。

(2)　納　　期

　納期は，契約書に明記されており，契約書から認定される場合が多いが，以下の裁判例〈13〉のように開発工程表も有益な証拠となる。他方で，提案依頼

や提案段階の単なる目安の稼働時期については，契約上の納期と認められるわけではない。

〈13〉東京地判平18・6・30判時1959号73頁

事　案	ユーザ（原告）が，ベンダ（被告）との間で，ユーザの新たなデータベースを開発するためソフトウェア開発基本契約を締結したが，ベンダが仕様書を作成せず，またデータベースを完成させることができなかったことが債務不履行にあたるとして前記契約を解除し，ベンダに対し，既払代金の一部返還等を求めた事案である。
結　論	ユーザの請求を一部認容。
取り上げる争点	納期の合意の有無
判　旨	**工程表に基づく説明により納期の合意を認定** 　ベンダは，本件工程表に基づき，ユーザに対し，開発工程を説明し，その際，ベンダは，ユーザに対し，平成15年7月9日からおおよそ26週間で本件データベースの開発が終了するという説明をしたことが認められる。そうすると，ユーザとベンダとの間で，前記ベンダの説明を前提に本件契約を締結したものとみるのが相当であるから，本件データベース開発の履行期については平成15年12月31日とするという合意があったというべきである。

4　契約条件の変更合意の認定

　いったん書面で合意された契約条件の変更については，明確な変更合意書等の証拠がない限り，認められづらい傾向にある。これは，当初の契約が当事者間で書面で締結されている以上，その合意内容に強い安定性を認め，その後の口頭のやりとりでは容易に変更を認めないという価値判断の表れであろう。

　なお，仕様変更については，追加開発（仕様変更）の合意として，7で論じる。

(1)　報酬額の変更

　たとえば，以下の裁判例〈14〉では，報酬額の変更合意が否定されている。

〈14〉東京地判平23・4・27ウエストロー2011WLJPCA04278027

事　案	本訴請求は，下請ベンダ（原告）が，元請ベンダ（被告）との間で，元請ベンダがユーザから請け負ったソフトウェアの開発を下請けする旨の請負契約を締結したが，その開発作業の進行中に開発内容の変更が合意されたことに伴って作業量が増加し，その増加に応じた代金増額の合意がされたと主張し，また，元請ベンダが一方的に同請負契約を解約したなどと主張して，元請ベンダに対し，仕掛中のソフトウェアの出来高代金等の支払を求めた事案である。 　反訴請求は，元請ベンダが，下請ベンダが作業途中で開発を中止して債務の履行を拒絶したことにより損害を被ったとして，下請ベンダに対し，その損害の賠償等を求めた事案である。
結　論	下請ベンダの本訴請求を一部認容。元請ベンダの反訴請求を棄却。
取り上げる争点	下請ベンダと元請ベンダの代金増額合意の有無
判　旨	否定 　開発すべき機能数の増加は，開発に要する工数の増加を伴うものであって，それが費用の増加を招くことは容易に予測することができる。しかしながら，本件下請契約に係る契約書には，開発対象の機能数の増加に伴い，代金が当然に増額される旨の定めはなく，またユーザ，元請ベンダおよび下請ベンダの間でプロセス2に装備すべき機能の増加が確認された平成19年10月5日の前後を通じて，元請ベンダが代金の増額に対し一貫して消極的な姿勢を示していた。さらに，下請ベンダの主張によれば，機能の増加後の開発に対する代金額は5億6700万円を超える金額であって，これは，本件下請契約において合意された代金額3305万円の約17倍に相当する多額なものであって，それにもかかわらず，下請ベンダと元請ベンダとの間で金額についての交渉が行われた形跡がないことを考慮すれば，元請ベンダが機能数の増加について合意したことが，ただちに，元請ベンダがこのような大幅な代金の増額についてまで了承したことを推認させるものではない。したがって，下請ベンダの前記主張は採用できない。

　その他に，東京地判平23・6・3ウエストロー2011WLJPCA06038006では，ベンダがユーザに対して主張した代金増額合意が否定され，東京地判平23・12・19ウエストロー2011WLJPCA12198006でも，元請ベンダが下請ベンダに対して主張した代金減額合意の成立が否定されている。

　他方，以下の裁判例〈15〉では，下請ベンダが元請ベンダに主張した代金増

額合意の成立は否定されたが，元請ベンダが下請ベンダに主張した代金減額合意の成立は肯定された。

〈15〉東京地判平20・12・10ウエストロー-2008WLJPCA12108019

事　案	下請ベンダ（原告）が元請ベンダ（被告）に対し，元請ベンダから請け負った気象システム開発業務の請負代金に未払があると主張して未払代金を請求したのに対し，元請ベンダは，下請ベンダの作業が遅れたため下請ベンダの業務内容を変更（元請ベンダの業務と交換）し，これに伴って請負代金額も減額されたため，請負代金の未払はない等と主張して，下請ベンダの請求を争った事案である。
結　論	下請ベンダの請求を棄却。
取り上げる争点	下請ベンダと元請ベンダの代金変更合意の成否
判　旨	**代金増額合意を否定し，減額合意を肯定** 　下請ベンダ代表者は，元請ベンダ代表者とのメールのやりとりで本件請負代金の増額についてほぼ合意したうえ，元請ベンダ代表者と会ったうえで本件代金増額の合意をした旨の供述をする。しかしながら，当該メールは本件訴訟に書証として提出されていないし（なお，下請ベンダ代表者は，本件に関するメールはメールサーバーの故障により全部保存されていない旨の陳述をするが，不自然であって採用できない），本件代金増額の合意を受けて下請ベンダが元請ベンダに追加ないし訂正の見積書を送付した等，本件代金増額の合意を推認するに足りる事実はない。 　本件作業交換に伴う本件請負代金の変更に関し，当事者間において明確な合意がなされたと認めるに足る証拠はない。しかしながら，①完成した仕事に対して代金を支払うという請負契約の性質に照らし，担当作業が変更されて下請ベンダが行った仕事の内容が変更された以上，請負代金も下請ベンダが行った仕事に相応するものに変更されてしかるべきこと，②本件作業交換の原因は下請ベンダ担当作業の遅れにあるものと認められるから，本件作業交換によって請負代金額が減少するとしても下請ベンダに酷とはいえないこと，③下請ベンダは，本件作業交換後，元請ベンダに対して新たな見積書を送付しているが，同事実からは，下請ベンダも本件作業交換によって請負代金が変更されることを前提としていたことが窺われること，以上の各点に照らし，本件請負代金は，本件作業交換に伴い，下請ベンダの実際に担当した作業に相当する代金額に変更されるものと解するのが相当である。

(2)　納期の変更

以下の裁判例〈16〉では，納期の変更合意が否定されている。

〈16〉東京地判平22・5・21ウエストロー2010WLJPCA05218002

事　案	本訴請求は，①ベンダ（原告）が，ユーザ（被告）から基幹システム等の設計および開発業務を請け負ったが，その完成前にユーザが民法641条に基づき前記請負契約を解除したとしてこれに基づく損害賠償請求等を行うとともに，②ユーザから追加システムの開発依頼を受けその開発をしたとして，ユーザに対し，請負契約または商法512条に基づく報酬等の支払を求めた事案である。 　反訴請求は，ユーザが，ベンダとの間で締結した前記請負契約が，ベンダの能力不足等により履行遅滞および履行不能となったことから前記請負契約を解除したとして，ベンダに対し，損害賠償の支払を求めた事案である。
結　論	ベンダの本訴請求を棄却。ユーザの反訴請求を一部認容。
取り上げる争点	納期の変更合意の有無
判　旨	否定 　開発遅延を理由とするソフトウェア開発契約の解除は，注文者にとっても，発注のやり直し等による不都合が生じる場合が少なくないことから，注文者としては，開発が遅滞した状態にあったとしても，ただちに契約を解除することなく，暫定的に請負人に協力して開発を進めていかざるを得ない。そうすると，注文者であるユーザが，納期直前に変更や追加を要望したり，遅延したスケジュールを前提として自己の作業を進めたりしたからといって，ユーザにおいて，納期の延長を積極的に承諾する意思があったものと認めることはできない。むしろ，ユーザとしては，遅延についての責任の所在を明らかにするべく行動しているものであるから，ユーザ担当者の「なるべく確実な期間を，余裕を持って出してほしい。」，「どれだけ長い日程でも驚かない」との発言にしても，ユーザが納期の延長を承諾するか契約を解除するかの判断の前提として，ベンダに対して実現可能な納期の提示を促したものと解する外ない。そして，ユーザが納期の延長を承諾したことを窺わせる事情は，他にも認められない。以上の次第で，本件においては，ベンダの前記納期経過の原因が，ユーザの要求にあったとも，また，ユーザが納期の延長を承諾したとも認められないから，ベンダとユーザとが，黙示にせよ納期延長の合意をしたとは認められない。

5　契約の性質に関する認定

　システム開発契約の法的性質は一義的に決まるものではなく，契約ごとにさまざまである。一般には，請負契約，準委任契約，両者の混合契約があり得る。

　最大の違いは，請負の場合にはベンダが仕事の完成義務（民法632条）を負うのに対して，準委任の場合は仕事の完成義務がなく，受託した事務について善管注意義務のみを負うことになるという点である（同法656条・643条・644条）。また，請負の場合には，債務不履行責任のほか，契約不適合責任（同法559条・562条・563条・564条）（瑕疵担保責任（旧民法634条））があるのに対して，準委任の場合には，債務不履行責任のみがある。さらに，請負には損害賠償義務を伴う注文者解除権（同法641条）がユーザにあるが，ベンダにはこのような解除権はない。他方で，準委任の場合には，ベンダ・ユーザ双方に，任意解除権がある（同法651条。相手方に不利な時期に解約する場合には損害賠償義務を負う）。

　ベンダとしては，請負契約における完成義務の負担は重いため，できるだけ準委任契約とすることを望み，ユーザとしては，完成義務を負ってもらうべく請負契約を望むというのが一般的である。これに後述する契約の個数論も相まって，ユーザとしては，システム開発プロジェクト全体を1個の請負契約（一括請負契約）とすることを望む傾向があるのに対して，ベンダとしては，プロジェクトを複数の個別契約に分けて，各段階の作業の性質ごとに，準委任契約と請負契約を区別することを望む傾向がある。

　もっとも，前記の相違点を比較すると，請負と準委任の間には雲泥の差があると思われがちであるが，現実には，抽象的な契約の法的性質を請負契約とするか準委任契約とするかは入口段階の問題にすぎず，むしろ，具体的な契約上の義務についてしっかりと双方の認識を合わせる形で詰めておくことが必要である。たとえば，請負の完成義務も範囲を明確に限定することによりその内容を相当程度軽減することができるし，準委任の善管注意義務も，ベンダがシステム開発の専門家であることを踏まえると決して軽いものではない。

　契約の性質決定において最重要の証拠となるのは，やはり契約書である。契約書に一義的に明確に規定されている法的性質を他の間接事実で覆すのは容易

ではないため，実際の認識に合致した形で契約書を作成しておくことが求められる。

　ある程度の規模以上のシステム開発プロジェクトにおいては，プロジェクト全体に適用される基本契約と，個々の作業内容ごとに適用される複数の個別契約が締結される例が多い。

　いわゆるウォーターフォール型のシステム開発においては，プロジェクト全体が，要件定義・基本設計（外部設計）・詳細設計（内部設計）・開発・テストといった段階（フェーズ）に分けられているのに従い，段階ごとに，あるいはこれらの段階をさらに細かく分けて，個別契約を締結する例が多い。段階ごとに契約を締結するので，多段階契約と呼ばれる。

　このような場合，要件定義は，ユーザが望むシステムの内容を形にする工程であるから，ユーザが主体となって作業を行い，ベンダはそれを支援する責任を負うにとどまるとの整理の下で，準委任契約が選択されることが多い。基本設計（外部設計）についても，ユーザが望むデータのインプット／アウトプットの形式や，ユーザが直接操作する画面の構成などを設計する工程であるから，ユーザ主体の準委任契約が選択されることが多いが，ここからベンダ側が作業の主導権と完成責任を負う請負契約が選択されることもある。詳細設計（内部設計）および開発については，よほど特殊なケースでない限り，まさにベンダがソフトウェア開発の専門家として遂行し，完成させるべき工程であるから，請負契約が選択されることが多い。テストについては，それまでの工程の裏返しで契約上の義務が定められることが多い。たとえば，単体テスト（個々のプログラムやモジュール群がそれぞれ仕様どおりに正常に動くかのテスト）は，開発したプログラムが詳細設計（内部設計）どおりに動作するか否かを確認するテストであるから，請負契約としてベンダが完成責任を負うのが通常である。これに対し，結合テスト（一定範囲の複数のプログラムを連携させた場合に仕様どおりに正常に動くかのテスト）や総合テスト（システム全体を通して仕様どおりに動くかのテスト）は，システムが全体として基本設計（外部設計）や要件定義どおりに動作するか否かを確認するテストであるから，外部設計や要件定義をユーザ主体で行っている場合，ここでも準委任契約が選択されることが多い。また，ユーザの現場従業員も参加して，システムを実際に運用して業

務が行えるかを確認する運用テストの段階になると，ユーザ側が主体となって準委任契約で行うことが通常である。

　しかし，実際には，契約書にその契約の法的性質が明確に規定されていないことも多い。また，契約書の名称や，冒頭の契約目的の条項に形式的に請負契約，準委任契約という記載があったとしても，必ずしもそれのみをもって契約の性質決定がされるわけではなく，契約全体の構造や規定内容，ひいては周辺の間接事実を総合的に考慮して契約の性質決定がされることになる。

　裁判例で考慮された間接事実としては，①ソフトウェア完成までのスケジュールを記載した工程表が作成されていたかどうか，②ソフトウェア開発業者の開発歴において，同程度以上のソフトウェアを開発したことがあったかどうか，③代金支払時期，④報酬の決め方が単価方式であるかどうか，⑤完成物の具体的な内容が確定していたかどうか等が挙げられるものとされる[4]。

　たとえば，以下の裁判例〈17〉では，「コンサルティング契約」とのタイトルの契約が，請負契約の要素を含む準委任契約であると認定されている。

〈17〉東京地判平22・9・21判タ1349号136頁

事　案	本訴請求は，ベンダ（原告）が，ユーザ（被告）との間でコンサルティング契約等を締結し，契約に基づいて業務を履行したと主張して，未払代金等の請求をした事案である。 　反訴請求は，ユーザが，ベンダの債務不履行を理由として本件コンサルティング契約等を解除したと主張して，既払代金の返還等を求めた事案である。
結　論	ベンダの本訴請求，ユーザの反訴請求ともに請求一部認容。
取り上げる 争点	契約の法的性質
判　旨	**準委任契約と請負契約の性質を併有する契約であると認定** 　本件コンサルティング契約の法的性質については，その契約書上も，請負契約にあたると解されるシステム構築および準委任契約にあたると解されるコンサルテーションの両方の業務が含まれていることが認められることから，準委任契約であるとしても，業務分析や要求定義

4　田中俊次ほか「ソフトウェア開発関連訴訟の審理」判タ1340号8頁。

> は一般的にシステム構築に係る請負契約の一部分であるとされる場合
> が多いと解され，開発管理についても管理の対象はユーザと開発委託
> 先の間の請負契約であることからすると，請負契約の要素を含むもの
> というべきである。

　次の裁判例〈18〉は，契約の性質は請負契約であるが，見積りの範囲外の作
業については，その作業量に対応する相当な報酬を追加で支払う旨の黙示の合
意があったとした。

〈18〉東京地判平28・4・20ウエストロー2016WLJPCA04208002

事　案	ユーザから無線 LAN ルータ機器の開発を受注した元請ベンダ（被告）から，同機器のソフトウェア開発を委託された下請ベンダ（原告）が，仕様の追加・変更等により，追加業務が生じたとして，元請ベンダに対し，業務委託契約に基づき，前記追加業務の作業量に応じた追加報酬等の支払を求めた事案である。
結　論	請求一部認容。
取り上げる争点	契約の法的性質
判　旨	請負契約であるが，見積りの範囲外の作業については，その作業量に対応する相当な報酬を追加で支払う旨の黙示の合意があったと認定　下請ベンダは，本件契約は，作業量に応じた報酬を支払う準委任契約であると主張する。しかし，本件契約書や下請ベンダが提出した見積書には，単価や工数が記載されておらず，前記見積書には「無線LAN ルータ開発　一式」と記載され，本件契約に係る作業期間中も，下請ベンダから元請ベンダに対し，作業時間の報告等もされていないことからすると，単に作業量によって報酬を決める準委任契約であるとは認められない。本件契約においては，報酬の支払が，成果物の検査合格（検収）という成果物の完成後とされ，下請ベンダは成果物に関する瑕疵担保責任を負うこと，下請ベンダが本件ソフトウェア開発により作成した成果物の著作権を有し，元請ベンダによる業務委託料の完済により，同著作権が元請ベンダに移転するものと定められ，まず下請ベンダが本件ソフトウェア開発における成果物の所有権を取得するとされていること等からすると，本件契約は，元請ベンダから受託された本件ソフトウェア開発における業務の完成を目的とする請負契約であったものと認めるのが相当である。　もっとも，元請ベンダ自身が，平成23年10月以降，追加の報酬を求めていた下請ベンダに対し，見積明細を提示するよう求めたことが認

められ，これは，元請ベンダ自身，本件契約の範囲外の作業か否かを検討したうえで，追加報酬を支払うか否かを決める方針を示していたこと，総合試験の対応工数が増加していた際に，ユーザの担当者が下請ベンダから契約範疇外であると言われたらどうするかと元請ベンダ担当者に聞き，元請ベンダ担当者は，下請ベンダと話をする旨述べていること等からすると，本件契約は，本件見積りを行った平成23年7月7日時点で，本件開発計画書および同年6月6日に納品された基本設計書に記載された範囲の業務の完成を請け負ったものであって，同時点以降，前記範囲を超えて仕様の追加・変更があった場合には，本件見積りの範囲外であり，本件見積りの範囲外の作業については，その作業量に対応する相当な報酬を追加で支払う旨の黙示の合意があったと認めるのが相当である。元請ベンダは，下請ベンダが本件ソフトウェア開発一式を一括で請け負ったのであり，追加で作業が生じたとしても，追加報酬は発生しない旨主張するが，前記のとおり，元請ベンダ自身が，本件ソフトウェア開発に係る作業であれば常に本件契約の範囲内に含まれると考えていたとは考えられず，元請ベンダの前記主張は採用することができない。

　次の裁判例〈19〉では，請負契約であることを前提にしつつ，その仕事の内実は，システム改修に関する作業に人員を従事させることであるとして，完成義務の履行の認定も，システム改修に関する作業に人員を従事させたか否かにより判断している。

〈19〉東京地判平27・6・25ウエストロー2015WLJPCA06258015

事　案	ベンダ（原告）が，ユーザ（被告）から美容サロン向けのPOSシステムに関する改修の作業を請け負い，これを完成したにもかかわらず，ユーザがその報酬を支払わないと主張して，ユーザに対し，当該報酬等の支払を求めた事案である。
結　論	請求全部認容。
取り上げる争点	契約の法的性質
判　旨	請負契約であるとしつつ，完成義務の内容を，システム改修に関する作業に人員を従事させたか否かにより判断 　本件個別契約書においては，いずれも，ベンダとユーザが協議したうえで，1人月*または2人月相当と合意した作業をユーザの指示に従って行うことが本件改修作業の内容とされている。そして，ベンダ

においては，東京における担当者の作業単価の設定を一般的に1人月80万円としているところ，本件請負契約の報酬額は，C1人が本件改修作業に従事していた期間は月額80万円と，CおよびDの2人が本件改修作業に従事した期間は月額160万円とそれぞれされていたのであるから，前記の本件個別契約書における本件改修作業の内容に見合う金額の報酬が合意されていたものということができる。これらの事情に加え，本件基本契約書における本件改修作業の内容が「対象ソフトウェアの開発に係る業務，およびそのソフトウェアの運用保守に関する技術支援等を行うものである」と定められていることや，本件請負契約の終了後に生じた不具合についてユーザがベンダに対してその対応を求めることがなかったことをも併せて考えれば，本件改修作業の内容は，本件個別契約の各契約ごとに，それぞれ1カ月間または2カ月間，担当者を派遣し，ユーザとの間の協議を行いつつ，当該協議に基づく本件POSシステムの改修作業に当該担当者を従事させるというものであったと解するのが相当である。

ベンダは，本件個別契約の各契約ごとに，それぞれ1カ月間または2カ月間，担当者を派遣し，ユーザとの間の協議を行いつつ，当該協議に基づく本件POSシステムの改修作業に当該担当者を従事させたものということができるから，本件改修作業を完成させたものというべきである。

* 1人のSEが1カ月間で行うことができる作業量を1人月（いちにんげつ）という。システム開発契約においては，人月単位で作業量を見積もり，これにSEのレベルに応じた単価を乗じて報酬額を算定することが多い。

このように契約の性質は請負契約として完成義務を果たしたかという枠組みでの判断を行いつつ，実質的には準委任契約と同等の結論が導かれることもある。その意味で，大事なのは，請負か準委任かという二分論よりも，当該契約により具体的にいかなる義務を負うかの認定であるといえる。

6　契約の個数の認定（多段階契約と一括請負契約）

一括請負契約として完成義務を負った場合は，システムが完成するまではベンダは報酬をもらえないという約定となる場合があり，この場合，ベンダとしてはふたを開けてみれば，システムが完成するまでに当初見込んでいた作業工

数よりもかなり作業工数がかさんでしまい，報酬額が低すぎたことが判明し，想定よりかさんだ分の作業については報酬が請求できないため，赤字プロジェクトになるリスクを負うことになる。では，あらかじめ作業工数の想定をかなり多めに見込んでおき，想定外の事態が生じたとしても赤字にならない高額な報酬額を定めておけばよいかというと，最初の提案段階では他社との競争にさらされているため，あまりに高額な報酬額としてしまうと価格面で他社に負けてしまうことから，営業戦略上それにも限度がある。

　一括請負契約におけるベンダのこのようなジレンマを解消すべく生み出されたのが多段階契約である。多段階契約にすれば，段階ごとに報酬額の見積りおよび設定が可能になるので，先行きが不透明な段階で確定的な報酬額の見積りをせざるを得ないという事態は防ぐことができる。

　多段階契約においては，ユーザは，各段階（フェーズ）を同じベンダに発注するか否かを原則として自由に決めることができ，報酬額もそこまでの進捗を踏まえたうえで個別に決定することができるという建前がある。そのため，一括契約よりも各フェーズの契約はリーズナブルな金額になりやすいので，ユーザ側にもメリットがあると説明されることがある。これには，次の段階の契約条件について折り合えなければ，ユーザは原則として契約を結ぶ義務は負わず，次のフェーズで別のベンダに乗り換えてもよいという前提がある。

　しかし，多くのプロジェクトでは，そのような前提が現実に妥当するのか疑問がある。プロジェクト開始後にユーザがベンダを切り替えるためには，引継ぎ等に多大な時間と手間がかかるので，よほどのことがない限り，ベンダの切り替えは現実的な選択肢となりづらい。したがって，実際には，ユーザとしては，ベンダの切り替えが難しくなって交渉力が落ちたところで多額の報酬を提案され，それに応じざるを得なくなってしまう場合が多い。

　確かに，ベンダの立場からすると，プロジェクトの一番最初の段階ですべての費用を正確に見積もることは難しく，特に一定規模以上のプロジェクトでは，最初から（少なくとも要件定義が終わる前の段階で）一括請負契約として，法的拘束力のある形で報酬額を固定額で約束するのは現実的には困難なことが多い。そのことから，現在においては多段階契約は実務に定着しており，ユーザとしても一括請負契約に固執していると，適切なベンダを選定することに困難

が生じるか，あるいはベンダ側のリスクを見込んだ高額な報酬を固定額として払わざるを得ないという事態に陥りかねない。また，ベンダに無理な予算で一括請負契約をさせたとしても，結局，仕様変更が必要となり，追加支払を拒めばプロジェクトは頓挫するという不利益を被る。そこで，一定規模以上のプロジェクトでベンダが多段階契約を提案してきた場合，ユーザとしては，多段階契約の枠組み自体には応じつつ，最初の段階では，通常，拘束力のない概算見積りのみしかベンダは出せないということを了解し，要件定義や外部設計終了時点等できるだけ早い段階で法的拘束力のある報酬額を決めるように働きかけるのが現実的であろう。

　もっとも，1つのプロジェクトについて10個，20個といった多数の個別契約を締結し，プロジェクトを細切れにすることは，ユーザとしてはリスクが大きいということを肝に銘じなければならない。多段階契約で複数の個別契約が締結される場合，1つの個別契約について発生した債務不履行事由や契約不適合（瑕疵）が，当然には他の個別契約の債務不履行事由や契約不適合（瑕疵）とはならないため，ユーザとしては，仮に当該システムが全体として無意味，無価値なものになってしまったとしても，後の段階の個別契約については解除も損害賠償請求もできないという事態に陥る可能性がある。また，前の段階の個別契約に基づいて多額の損害賠償請求をしようとしても，損害賠償額の上限規定として「当該請求原因に係る個別契約の委託料相当額を限度とする」との定めが置かれており，請求できる損害額が限られてしまう可能性がある。

　必要な範囲を超えて個別契約が細切れにされ，ベンダの責任が不当に限定されているような事案においては，すべての個別契約が全体として1つのシステムの完成を目指した不可分一体の1つの請負契約であると実質的に評価するのが妥当な場合もあり得る[5]。しかし，実際には，裁判所が，形式的に細分化されている別々の契約書を全体として1個の契約だと評価することのハードルは相当に高い。以下の裁判例〈20〉では，多段階契約について，実質的にみて1つの請負契約が成立したとは認められないとされた。

　5　後述するように一括請負契約と認定された場合でも，既履行部分の解除は認められないため，解除の効力が当然に契約全体に及ぶわけではないことには留意が必要である。

〈20〉東京地判平28・4・28判時2313号29頁

事　案	本訴請求は，ベンダ（被告）との間でシステム開発に係る契約を締結したユーザ（原告）が，ベンダに対し，債務不履行に基づく損害賠償請求または解除に基づく原状回復請求として金員の支払を求めた事案である。 反訴請求は，ベンダが，ユーザに対し，契約または商法512条に基づき報酬の支払を求めた事案である。
結　論	ユーザの本訴請求，ベンダの反訴請求ともに請求一部認容。
取り上げる争点	多段階契約について，実質的にみて1つの請負契約が成立したと認定できるか
判　旨	否定 　ユーザは，ベンダとの間で本件システム開発に関する基本契約書を取り交したことにより，ユーザが支払う請負報酬を概算17億円とし，ベンダが本件システムの完成を請け負うことを内容とする1個の請負契約が成立したと主張する。しかしながら，本件基本契約の内容は，本件プロジェクトにおいて締結が予定された各個別契約の種類，内容等をあらかじめ定めたものにすぎず，ユーザとベンダは，本件基本契約の締結後，本件システム開発が進行するに応じて，検討フェーズ個別契約ないしIMP個別契約ならびに追加開発に係る各個別契約を，それぞれ取引条件をその都度定めたうえでそれぞれ別個の契約書を作成して締結したことが認められることからすると，本件基本契約および各個別契約につき，実質的に見て1個の請負契約が成立したものと評価することはできない。かえって，前記のとおり，本件システム開発における各個別契約は，それぞれ別個の時期に別個の契約書を用いて締結されたことからすれば，これら各個別契約はそれぞれ別個独立の契約として成立したものと認められる。したがって，本件システム開発に係る契約に関して1個の請負契約が成立したことを前提とする，仕事完成債務の履行不能に基づく損害賠償請求または同債務の履行不能解除に基づく原状回復請求はいずれも失当である。

　また，以下の裁判例〈21〉では，多段階契約においてシステムを最終的に完成させることがベンダの債務とはならないとされた。

〈21〉東京高判令3・4・21ウエストロー2021WLJPCA04216002

事　案	本訴請求は，ベンダ（被告）との間でシステム開発に係る契約を締結したユーザ（原告）が，ベンダに対し，債務不履行または不法行為に基づく損害賠償を求めた事案である。 　反訴請求は，ベンダが，ユーザに対し，契約に基づき報酬の支払を求め，また，契約外の作業について商法512条に基づき報酬の支払を求めた事案である。 　本訴請求について一部認容し，反訴請求を棄却したのに対して，双方が控訴した。
結　論	本訴請求棄却，反訴請求一部認容。
取り上げる 争点	多段階契約においてシステムを最終的に完成させることがベンダの債務となるか
判　旨	否定 　前記認定事実によれば，本件開発業務や本件各個別契約の締結が，平成25年1月4日に本件システムをメインシステムのサブシステムの一つとしてメインシステムと同時に稼働開始することをビジネス上の目標として行われたことは，容易に推認することができる。また，このビジネス上の目標を達成することは契約当事者双方にとって大きな実績と信用となり，逆に目標不達成は不名誉なことであるばかりか信用の低下につながるものであって，双方が目標達成に向けて真剣に努力を続けていたことも，同様に推認することができる。 　しかしながら，ビジネス上の目標が重要であるからといって，ビジネス上の目標がそのまま契約上の債務として合意されるとは限らない。ビジネス上の目標をそのまま契約上の債務とすることに合意した後に，目標の実現が予定日より遅れたり，目標の実現が不可能になったりした場合には，履行遅滞や履行不能による損害賠償の問題が生じてしまう。そこで，目標の実現可能性やその確実さの度合い，逆に予定日に遅れるリスクや実現不能となるリスクの度合いに応じて，様々な対応をとることになる。ビジネス上の最終目標の実現に無視できないリスクがある場合には，ビジネス上の最終目標の実現を契約上の債務としないことも，リスク回避の一つの方法である。ビジネス上の最終目標の実現を契約上の債務とする場合においても，債務不履行のペナルティを合理的な内容のものに制限（縮減）することも，リスク低減の一つの方法である。ビジネス上の最終目標が実現できなかった場合のリスク分担に関する定めについて協議がされた結果，合意に至らなかった場合には，契約の締結に至らず，他の契約相手を探すか，ビ

ジネス上の目標の実現を断念することになる。

　前記認定事実によれば，最初の個別契約にベンダがユーザに示した提案書には，最終的なプロジェクトの遂行を約束するものではなく，フェーズごとに分けて別途見積の上ベンダ所定の契約書を使用して契約する旨が明記されていた。

　本件各個別契約は，下記のとおり，提案書の記載に沿って，ベンダ所定の契約書を使用してフェーズごとに契約を締結し，契約書には「当該フェーズの作業内容の実施の支援」をベンダに準委任することまたはプログラムを製作して納入することなどをベンダの債務の内容と記載した。他方，本件各個別契約の契約書には，本件システムを完成して稼働させることや，その履行期限を平成25年1月4日とすることは，ベンダの債務の内容としては記載されたことはない。

　準委任契約についてみると，前記認定のとおり，本件個別契約14の契約書において，ベンダの債務の内容は「情報システム開発に関する支援サービスとして，運用準備支援，テスト準備支援，テスト実施支援，データ移行準備および実施の支援等を行い，『240.6人月の提供終了』またはサービス期間の終了（平成25年1月4日）のいずれか早い日にサービスの提供を終了する準委任契約（仕事の完成を目的とした請負契約ではない）」と記載され，ベンダの受領する報酬として確定料金6億9500万円（消費税別）と記載されている。また，本件個別契約1から5までにおけるベンダの債務の内容として「情報システム開発に関する支援サービスとして，各フェーズで予定された支援業務を行い，サービス終了日またはサービス期間終了日のいずれか早い日にサービスの提供を終了する準委任契約（仕事の完成を目的とした請負契約ではない）」と記載され，ベンダの受領する報酬として前記認定の確定料金額（消費税別）が記載されている。

　プログラム構築（製作）契約についてみると，前記認定のとおり，本件個別契約13の契約書におけるベンダの債務の内容は「ユーザのシステム（本件システムのうち WM カスタマイズ，帳票，ワークフロー機能，外付ツール，外部インターフェース，データ移行ツール）の構築（基本設計・開発・サブシステム内連結テスト）を請け負い，成果物を基本設計書，テスト計画書および結果報告書ならびにプログラム（ソースコード，実行モジュール）とし，成果物最終納入予定日を平成24年3月31日とし，プログラムはベンダによるサブシステム内連結テストのユーザによる確認をもって請負完了とする」と記載され，ベンダの受領する報酬として確定金額8億0800万円（消費税別）と記載されている。また，本件個別契約15の契約書におけるベンダの債務の内容は「ユーザのシステム（本件システムのうち WM 顧客 Web およ

> び WM コア追加機能）の構築（基本設計・開発・サブシステム内連
> 結テスト）を請け負い，成果物をテスト計画書および結果報告書とし，
> 成果物最終納入予定日を平成24年6月30日とし，納入をもって請負完
> 了とする」と記載され，ベンダの受領する報酬として確定金額6150万
> 円（消費税別）と記載されている。
> 　以上によれば，本件システムを最終的に完成させることや，本件シ
> ステムを平成25年1月4日にメインシステムのサブシステムの一つと
> してメインシステムと同時に稼働開始させることが，契約当事者双方
> のビジネス上の目標であったという事実は認定できるものの，これら
> が契約上のベンダの債務として合意されたという事実を認定するに
> は，無理がある。ましてや，本件各個別契約の締結に先立ち，ベンダ
> が WM（パッケージソフト）を利用した本件システムの導入を提案
> して採用されたことをもって，ベンダとユーザの間に本件システムを
> 完成させる合意がされたという事実を認定するには，無理があるとい
> うほかはない。他に，ベンダが本件システムを完成させる債務を負っ
> ていたという事実を認めるに足りる証拠はない。

　もっとも，別個の個別契約であると考えても，ウォーターフォール型の開発
手法が採用されている場合において，上流工程において問題があった場合は，
下流工程では，ベンダが上流工程の問題点を是正しないまま作業を進めている
ことを債務不履行であると認定したり，上流工程の成果物に発生した契約不適
合（瑕疵）が，下流工程の成果物にも承継されていると認定したりできること
もある。

　後記裁判例〈43〉東京高判平25・9・26金判1428号16頁では，上流工程にお
いてシステム開発が実現不可能といえるような状況になっている場合には，そ
れ以降の工程の契約については不必要な開発費用を支払わせているものであり，
これらの契約についてプロジェクトマネジメント義務違反が生じているものと
して，下流工程の契約の解除が認められている。また，前記裁判例〈20〉東京
地判平28・4・28判時2313号29頁では，上流工程におけるプロジェクトマネジ
メント義務違反が下流工程においても引き続き継続しているという認定を行う
ことにより，損害賠償責任を認めている。

　また，最判平8・11・12民集50巻10号2673頁（本書109頁参照）のような考え
方を採れば，一部の個別契約に債務不履行があったことから，それと関連性を
有する他の個別契約の解除まで認められる場合もあり得る。

　なお，近時注目されている開発手法として，アジャイル開発がある。

　アジャイル開発とは，開発対象を細かく分けて，1週間や1カ月といった短い一定期間ごとの開発サイクル（それぞれ，要件定義・基本設計・詳細設計・開発・テストの工程を含む）を繰り返していくという開発手法である。この場合も，こうした一定期間（スプリント）ごとや，あるいはリリースが何回かに分かれる場合には各リリースごとに個別契約を締結する例が多い。

　アジャイル開発においては，（少なくとも提唱されている方法論としては）各開発サイクルがそれぞれ短期間で1つの工程として完結するため，各個別契約の独立性は認められやすくなるであろう。もっとも，ユーザとしては，各サイクルで開発される成果物に独立の価値を見出せない場合も多いであろうから，そのようなことを十分考慮して契約の形態・内容を検討する必要があろう。

7 追加開発（仕様変更）の合意

　システム開発において，一旦合意された仕様が後で変更になるということはしばしばある。開発が進むに従って，当初の仕様が具体化，詳細化していくことは，当然に想定されているため，そのようなものは，仕様変更とはならないが，当初の想定を超えるものは仕様変更になる。しかし，ユーザが，テストの段階に至って，初めてシステムに触り，自分の思い描いていたシステムの使い勝手と違うことに気が付くということがしばしば起こる。この場合には，システムが仕様どおりできておらず，契約不適合責任（瑕疵担保責任）に基づき無償でベンダが修正すべき範疇なのか，それとも，システムは確かに仕様どおりできているのだが，このままだと業務上支障があるため，仕様変更として有償でベンダが追加開発として対応すべき範疇なのかという切り分けの問題が生じることになる。

　実務においては，たとえば，変更管理表や課題管理表等により，仕様変更の管理が行われ，ここで両者の合意として仕様変更（追加開発）として整理され，「人月」等の工数についても記載されていれば，追加開発の合意が認定されやすい。ただし，実際には，変更管理表，課題管理表等の記載事項は，両者の合意ではなく，作成者（多くはベンダ側）が，主観に基づいて記載している場合

が多い。また，そもそも，変更管理表，課題管理表等で綺麗な形ですべての仕様変更が整理されているとは限らず，口頭やメールで仕様変更についてのやりとりが行われることも多い。担当者が口頭で了解しただけであるという場合には，仕様変更の合意があったことの立証は困難になるため，ベンダとしては，議事録やメールの形であったとしても，何らかの文書に残しておくことが望ましい。

　たとえば，以下の裁判例〈22〉においては，変更管理表の記載が根拠の一つとなり，追加開発の合意が認められている。

〈22〉東京地判平25・12・19ウエストロー2013WLJPCA12198007

事　案	本訴請求は，ベンダ（原告）が，ユーザ（被告）に対し，学生の就職活動を支援する WEB サイトの構築の業務委託料の支払を求めた事案である。 　反訴請求は，ユーザが，ベンダの業務が不完全であったうえ，作業の遅れやその遅れをベンダの従業員が隠蔽したこと等によって，損害を被ったとして，損害賠償等の支払を求めた事案である。
結　論	ベンダの本訴請求を一部認容。ユーザの反訴請求を棄却。
取り上げる 争点	追加開発の合意の成否
判　旨	**変更管理表の記載等を根拠に肯定** 　要件定義および主要な画面に関する画面構成書の内容が確定した後も，ユーザは，ワイヤーフレーム（WEB ページの大まかなコンテンツやレイアウトを示した構成図）を変更したり，動画を取り入れる等の変更をベンダに要請した。 　ユーザ担当者からの変更要請については，変更を実施するのに必要と見積もられる工数をベンダ担当者が示し，ユーザは，それを踏まえて，変更を実施するか否かを決していた。ベンダの作成した変更管理表には，ユーザからの変更要請の内容ごとに，必要となる工数や，変更を実施するか否かのユーザの判断が記載されており，かかる変更管理表は，ユーザの従業員にも交付されていた。 　ベンダは，各追加作業を行うのに先立ち，金額が記載された見積書を提出したところ，ユーザは特段異議を述べなかった。一部の作業については，ベンダから，243万円の業務委託料が記載された見積書が提出されたのに対し，ユーザは，業務委託料を開発以降の工程に関するもののみに減額するよう求めるメールを送信し，その結果，同見積

> 書に記載された開発およびテストの作業についての75万円と42万円（合計117万円）のみを業務委託料として支払うこととなった。
> 　上記認定によれば，ベンダとユーザとの間で，本件業務委託契約で予定された範囲外の作業につき，ベンダが作業し，ユーザが別途業務委託料を支払う旨の合意が成立したと認められる。

　また，契約上，仕様変更による追加開発の個別契約の合意について所定の手続が要求されている場合もあり，このような場合には当該契約上の要件の充足性が問題となる。たとえば，以下の裁判例〈23〉では，追加開発の合意について，書面を要求している契約の規定の要件の充足性が問題となったが，充足性が肯定されている。

〈23〉東京地判平25・9・30ウエストロー2013WLJPCA09308011

事　案	下請ベンダ（原告）が，元請ベンダ（被告）からウェブサイトのシステム開発に係る業務を請け負ったところ，元請ベンダが請負代金を支払わないとして，請負代金の支払等を求めた事案である。
結　論	下請ベンダの請求を一部認容。
取り上げる争点	追加開発の合意の成否
判　旨	契約上の個別契約成立の要件充足性を認めたうえで，肯定 　本件基本契約には，個別契約は，①別途元請ベンダが発行した注文書に下請ベンダが承諾の意思表示を行うか，②元請ベンダと下請ベンダが協議して取り決めた対象業務の内容を下請ベンダが書面化し，元請ベンダがこれに承諾の意思表示を行ったときに成立する。ただし，いずれの場合も，相手方に当該文書が到達した日の翌日から5営業日以内に，当該相手方から何らの意思表示もされない場合，当該期日の終了時点で承諾の意思表示がされたものとみなすとの定め（4条3項）があった。 　元請ベンダは，本件各書面が本件開発の作業完了後に元請ベンダに提示されたものであって見積書にはあたらないとして，本件基本契約4条3項は適用されないと主張する。 　しかし，そもそも，当該規定の趣旨は，ソフトウェア開発に係る請負契約について，書面がないままでは，後に，注文者である元請ベンダと請負人である下請ベンダとの間で，契約の成否について紛争が発生するおそれがあることから，このような紛争の発生を防止することにあると解されるのであり，下請ベンダによる書面の作成は，成立す

> る契約の内容が当事者間で合意されたものであることを担保するため
> に要請されるものというべきである。このような本件基本契約4条3
> 項の趣旨に，ソフトウェア開発の個別契約を成立させるにあたって，
> 事前に書面を作成することを常に要求することは，この種の請負契約，
> とりわけ追加開発に係る請負契約の実情にそぐわないものであり，下
> 請ベンダと元請ベンダが，事前に書面を作成しない限り個別契約は一
> 切成立しないという意思の下に，本件基本契約を締結したとまでは認
> め難いこと，そして，事前に書面が作成されない限り個別契約の要件
> を満たさないと狭く解釈し，事前に書面が作成されない契約に本件基
> 本契約の各条項の規制が及ばないとすることは，当事者の合理的意思
> に反する結果を招来することになりかねないことなどを併せ考慮すれ
> ば，元請ベンダと下請ベンダが協議して取り決めた対象業務の内容を
> 下請ベンダが書面化したものである限り，その作成時期を契約前に限
> 定する必要まではないと解するのが相当である。したがって，本件各
> 書面が，本件開発の作業完了後間もなく作成され，元請ベンダに提示
> されたものであったとしても，そのことからただちに，本件基本契約
> 4条3項の適用が否定されることはないというべきである。

　単に追加開発であるということのみならず，報酬額についてまで明確に合意
がされていれば，それに従って報酬額が認定される。もっとも，有償の追加委
託開発契約があると言えるものの，報酬額についてまでは明確な合意がない場
合も多い。この場合に，間接事実から，黙示的な報酬額の合意があったものと
確定されることもある。もっとも，この場合，実務上は，報酬額の定めのない
追加委託開発契約が成立したものとしつつ，⑧で後述する，商法512条が適用
されて相当の報酬額が算定される例も多い。

⑧　契約の成立が認められない場合の報酬請求

(1)　商法512条に基づく報酬請求

　商法512条は，たとえ契約が成立していなくても，「商人がその営業の範囲内
において他人のために行為をしたときは，相当な報酬を請求することができる」
と定めている。このような請求権が認められている趣旨は，商人がその営業の
範囲内において他人のために行為をしているのであれば，通常は有償であると
いう経験則に基づいている。

　商法512条に基づく相当報酬請求が認められるためには，「他人のために」行為をしたことが必要である。そして，「他人のために」とは，客観的にみて，当該業者が相手方当事者のためにする意思をもって行為をしたものと認められることを要し，単にその行為の反射的利益が相手方当事者にも及ぶというだけでは足りないと解されている（最判昭50・12・26民集29巻11号1890頁）。

　したがって，単にベンダの従業員が現場において何らかの作業に従事していたというだけで，ただちに商法512条に基づく相当報酬請求が認められるわけではない。たとえば，債務不履行に陥っている従前の契約の義務に属する範疇の作業を行っているにすぎないような場合には，「他人のために」行為をしたとはいえず，報酬請求権は発生しないことになる。相当報酬請求のための証拠としては，実際の稼働実績のタイムシート等の記録が重要であるが，その作業内容が，客観的にみて，従前の契約とは異なる作業であることがわかる程度に具体的でないとすると，証拠として不十分となる可能性もあるため留意が必要である。

　この条項に基づいてベンダ（下請ベンダ）からユーザ（元請ベンダ）に対する相当報酬請求を認めた例を以下紹介する。

　以下の裁判例〈24〉では，契約締結前に行われた作業についての商法512条に基づく相当報酬請求が問題となった事案であり，諸般の事情を考慮して，見積書記載の金額の4分の1を相当報酬額と認めている。

〈24〉東京地判平19・10・31ウエストロー2007WLJPCA10318005

事　案	本訴請求は，ユーザ（原告）が，ベンダ（被告）に対し，ユーザとベンダとの間でベンダがユーザに会計システムのコンピュータソフトウェアを作成して納入するための契約締結交渉を継続中に，ユーザがベンダの責めにより契約締結交渉を解消せざるを得なくなり，これにより損害を被ったとして，契約締結上の過失による信義則上の損害賠償責任に基づき損害賠償等の支払を求める事案である。また，反訴請求は，ベンダが，ユーザに対し，商法512条の報酬請求権に基づきこの交渉の過程で行った作業の報酬金等の支払を求める事案である。
結　論	ユーザの本訴請求を一部認容。ベンダの反訴請求を一部認容。
取り上げる 争点	商法512条の相当報酬請求権に基づく相当報酬の額

判　旨	諸般の事情を考慮して客観的に合理的な額を算定
	ベンダは，ユーザとの間に新会計システムの開発製作に係る請負契約は締結されなかったものの，ユーザの委託を受けて要件定義を確定し，本件契約を締結するための作業を行ったのであるから，商法512条に基づき相当額の報酬を受けるべき請求権を有するものというべきである。そして，その報酬額は，当事者の意思，実際に要した費用，行った業務の内容・程度等の諸般の事情を考慮して客観的に合理的な額が算定されるべきであるところ，本件においては，ユーザとベンダとの間で，平成17年10月25日，請負金額を6800万円（消費税別）とし，このうち全体設計費用200万円，要件定義費用450万円とされていたこと，ベンダは，平成17年11月7日から平成18年1月初旬ころまで全体設計を含む要件定義のための作業を行っていたこと，この全体設計を含む要件定義作業は，取引管理システムに係る要件定義，予算管理システムに係る要件定義およびこれを連動させるデータベースの設計作業があるが，ベンダは，作業終了まで，このうち主に取引管理システムに係る要件定義作業を行っており，ほぼ完成していたこと，その業務の遂行は，ベンダがスケジュールを管理することになっていたにもかかわらず，ベンダが信義則上求められる注意義務に違反して相当程度に遅れていたことが認められるのであり，これらの事情を総合勘案すれば，ベンダの報酬額としては，前記全体設計費用および要件定義費用の合計額650万円（消費税別）の4分の1に消費税相当額を加算した170万6250円をもって相当とすべきである。

　次に，実務上よく問題になる類型として，前記7の最後にも紹介した，仕様変更に基づく追加作業に関連して，商法512条に基づく相当報酬請求を認めた裁判例をいくつか紹介する。

　以下の裁判例〈25〉は，仕様変更に関する代金額の定めのない追加の委託開発契約の成立を認定しつつ，商法512条に基づく相当報酬額が発生するとしており，その算定にあたっては，実際の追加作業分の工数を算定し，単価額に基づいて計算するという一般的な手法が採用されている。

　〈25〉　大阪地判平14・8・29裁判所HP〔平成11年(ワ)965号，平成11年(ワ)13193号〕

| 事　案 | 　本訴請求は，ソフトウェア開発の元請ベンダが，下請ベンダに対し，著作権侵害に基づく差止め，損害賠償請求をした事案である。
　反訴請求は，下請ベンダが，元請ベンダに対し，仕様変更の要求に基づき，追加開発費用等の費用の支払を求めた事案である。 |

結　論	元請ベンダの下請ベンダに対する本訴請求を一部認容。下請ベンダの元請ベンダに対する反訴請求を一部認容。
取り上げる争点	商法512条の相当報酬請求権に基づく相当報酬の額
判　旨	**追加開発にかかる報酬を工数および単価から算定** 　ソフトウェア開発においては，その性質上，外部設計の段階で画面に文字を表示する書体やボタンの配置などの詳細までが決定されるものではなく，詳細については，仕様確定後でも，当事者間の打合せによりある程度修正が加えられるのが通常であることに鑑みると，このような仕様の詳細化の要求までも仕様変更とすることは相当でないというべきである。 　下請ベンダは，基本機能設計書に記載した機能を作成するために必要な開発工数を基準として見積金額を決定したのであるから，基本機能設計書に記載されていない機能については，当初見積りの範囲を超えるものとして，別途開発費用が必要となると解するのが相当である。 　以上によれば，元請ベンダは，16項目の本件仕様変更要求について，下請ベンダに対し，委託代金の定めなく，当初の委託業務の範囲を超れらの項目について代金額の定めのない請負契約が成立したものであるから，元請ベンダは，相当の報酬額としての追加開発費用（商法512条）を負担する義務を負う。 　ソースコードのうち本件仕様変更要求に基づくとみるのが相当なものの割合を検討する。本件仕様変更要求のうち，5項目は，当初仕様に含まれない新機能を追加・作成するものであり，完成されたソースコードに当初仕様に基づく部分が含まれていることは考えられないから，上記5項目については，変更工数合計182.7人／日がすべて仕様変更に基づく変更工数を構成するとみるのが相当である。 　これに対し，本件仕様変更要求のうち11項目は，いずれも当初仕様に基づき完成された部分に変更を加える性質の仕様変更要求であるところ，下請ベンダは，各変更要求前に完成させた当初仕様に基づく仕事量を立証しておらず，完成されたソースコードのどの部分が本件仕様変更要求に係る部分であるかを証拠上認定することはできないといわざるを得ない。しかも，これらの変更要求は，開発初期の段階でなされており，上記11項目について，下請ベンダが仕様変更要求に基づく追加工数とするものの中には，下請ベンダが当初仕様に基づき内部設計以降の作業に着手する前に変更要求がされたことから，本来追加費用の対象とならないものが含まれている可能性も否定できない。上記各事情を考慮すると，本件仕様変更要求のうち，上記11項目につい

ては，変更工数合計374.4人／日の2割にあたる74.8人／日を仕様変更に係る追加工数とみるのが相当である。

　以上によれば，本件仕様変更に基づく開発工数は，上記工数の合計である257.5人／日とみるのが相当であり，これを1人／日当たりの開発費用を本件開発委託契約と同じ3万2500円（本件見積書では，単価は65万円〔1人／月当たり〕であり，1月の稼働日数を20日とすると，1人／日当たりの開発費用は3万2500円となる）として換算すると，本件仕様変更要求に基づく追加開発費用は，836万8750円とするのが相当である。

　また，追加開発の相当額報酬として，当初の契約代金額からプログラム1本当たりの報酬を認定する方法で相当報酬を認定した例として以下の裁判例〈26〉がある。

〈26〉東京地判平17・4・22ウエストロー2005WLJPCA04220008

事　案	ベンダ（原告）が，ユーザ（被告）に対し，システム開発契約に基づく報酬の支払を求めた事案である。
結　論	ベンダの請求を一部認容。
取り上げる争点	商法512条の相当報酬請求権に基づく相当報酬の額
判　旨	当初の契約代金額からプログラム1本当たりの報酬を認定する方法により相当報酬額を算定 　本件における追加分を含めた相当額の報酬金額について検討すると，システム開発の原価の大部分が技術者の人件費であり，その人件費は作成するプログラムの分量に概ね比例することにかんがみれば，当初の契約金額である2325万円を二次検収までに完了した206本のプログラム数で除し，このプログラム1本当たりの単価に三次検収を経たプログラム数414本を乗じた金額4672万5728円（23,250÷206×414＝46,725,758）をもって相当と認める。

　さらに，過去の作業期間に応じた報酬との対比から追加開発の相当報酬を認定した例として，以下の裁判例〈27〉がある。

〈27〉東京地判平22・1・22ウエストロー2010WLJPCA01228004

事　案	大学の事務システムの刷新に関してベンダ（原告）がユーザ（被告）に対し，委託に基づく報酬または商法512条所定の報酬請求権に基づく報酬等の支払を求めた事案である。

結　論	ベンダの請求を一部認容。
取り上げる争点	商法512条の相当報酬請求権に基づく相当報酬の額
判　旨	過去の作業時間に応じた報酬との対比から追加開発の相当報酬を算定 　平成17年4月以降にベンダが行っていた作業は，少なくともその一部が契約においてベンダが担保責任に基づき行う作業であったことがうかがわれるが，そのすべてがユーザ主張の無償を前提とした委託に基づく作業であったと認めるべき証拠はない。かえって，ベンダは本番立ち会いに係る教務系51項目等の仕様変更とは関係のない作業も行っていることが認められる。したがって，平成17年4月以降のベンダの作業は，ユーザの委託によるものであり，相当額の報酬を請求できるものといえる。しかしながら，ユーザ主張の無償の対象となる教務系51項目等の仕様変更に係る作業を行っていること，無償となる作業と有償となる作業の区別が困難であることを考慮すれば，ベンダが主張する人日×6万円の報酬額を認めることは相当ではない。そして，契約においてベンダの平成17年1月から3月までの3カ月間の期間における準委任としての作業の対価として，6000万円が定められているところ，同年4月以降の作業には無償で行う作業が含まれている一方，前年同様，同年3月までの期間に比して新学期の開始により履修登録等のシステムが稼働される同年4月以降の作業量が増加したことが想定される。これらのことからすれば，前記3カ月間の作業の対価として定められた6000万円を基礎に，ベンダの平成17年4月から9月の6カ月間の作業に対する報酬は，1億2000万円とすることが相当である。

　見積書の金額や過去の作業分の報酬等の金額を手がかりにしつつ，実際に行われた作業分のベンダの人件費に相当する金額を算定する方式に基づき，相当報酬額が認定される傾向にあるといえる。

　逆に，商法512条に基づく相当報酬請求を否定した裁判例として，以下の裁判例〈28〉がある。

〈28〉東京地判平7・6・12判時1546号29頁

| 事　案 | 2次下請ベンダ（原告）が，1次下請ベンダ（被告）からコンピュータ・プログラムの製作を依頼されて，1次下請ベンダとの間で，業務委託契約を締結したが，その後，委託業務の内容が変更されたことに伴い，委託代金額を増額変更する旨を合意し，右増額変更後の委託業務を完成させたと主張し，1次下請ベンダに対して，相当報酬額等の |

	支払を求めた事案である。
結　論	2次下請ベンダの請求を棄却。
取り上げる 争点	商法512条に基づく相当報酬請求権の成否
判　旨	否定 　2次下請ベンダの受託業務が変更され，システム管理，請負工事費積算およびユーティリティの一部のみに限定され，その余は1次下請ベンダが担当することになったが，右変更後の2次下請ベンダの業務は当初の契約内容に従った開発業務の範囲内であることに変わりはなく，右業務に関する対価は，本件契約当初に確定代金として約定されている委託代金額ですべてカバーされているものである。しかも，第二回社長会談においては，委託代金についての話合いを行うことが約束されたのみであり，2次下請ベンダおよび1次下請ベンダ間で，本件契約に基づく委託代金額を変更ないし適用しない旨の合意が成立した事実は認められない。したがって，2次下請ベンダの本件契約に基づく受託業務の対価は，契約当初の委託代金額であると認められる。よって，2次下請ベンダの1次下請ベンダに対する商法512条に基づく報酬請求権の主張は理由がない。

(2)　契約締結上の過失

①　総　論

　契約の成立が認められない場合に，損害賠償請求という形で金銭の支払を求める法的構成として，契約締結上の過失という理論がある。契約締結上の過失という概念にはいくつかの類型があるが，ここで取り上げるのは，契約成立に至るまでの交渉過程に関する，いわゆる「契約準備段階の過失」などと呼ばれる類型である。これは，契約成立には至っていないが，契約交渉などの準備段階において相手方に契約成立に関する信頼が生じた場合には，当該信頼を保護するべく，原則として信頼利益の損害賠償請求を認めるという法理であり，信義則（民法1条2項）を根拠とするものである。

　契約準備段階の過失に基づく損害賠償請求の要件としては，一般に，信頼行為を惹起する程度の契約交渉の成熟度および信頼行為を惹起するような先行行為が要求されるものと解されている[6]。

　この法理に基づく責任を認めた最高裁判例として，最判昭59・9・18判時1137号51頁がある。この事案では，マンションの購入希望者が，売却予定者と交渉に入り，その交渉の過程で歯科医院とするための電気容量の不足等を指摘し，売却予定者が容量増加のための設計変更や施工をすることを容認しつつ，契約交渉開始6カ月後に自らの都合により契約を結ぶに至らなかったという事情があるときには，購入希望者は，契約の準備段階における信義則上の注意義務に違反したものとして，売却予定者がかかる設計変更および施工をしたために被った損害を賠償する責任を負うものとされた。

　システム開発訴訟では，たとえば，以下の裁判例〈2〉は，契約の成立を否定しつつ，契約締結上の過失責任を認めている。

〈2〉再掲　東京高判平21・5・27ウエストロー2009WLJPCA05278001

取り上げる争点	契約締結上の過失責任の成否
判　旨	肯定 　4月初めの時点で見ると，ユーザは，むしろ自社でシステム開発をする方向に動いており，ベンダとの契約締結が確実なものなどとは到底いえないものであったにもかかわらず，ユーザ担当者は，ベンダをして契約締結が確実なものと誤信させる言動をし，かつ，納期を守るためには4月初めから作業を開始する必要があるためベンダが4月初めころから作業に入ることを十分認識しながらそれをそのままにしていた，ないしはむしろそれを求めるかのごとき言動をしていたのである。このようなユーザの行動は，契約締結に向けて交渉をしていた者としての信義に違反するものといわなければばらない。ベンダが，ユーザのこのような言動の結果，4月6日ころから作業に入ったことは無理からぬものといえる。契約準備段階における信義則上の注意義務として，ユーザは，少なくともベンダが作業に入ることが予想される4月初めの時点において，ベンダに対し，社内の状況等から契約成立が確実とはいえないことを告げ，ベンダが納期を守るためあらかじめ作業に入るようなことをさせないようにする注意義務を負っていたというべきである。しかし，ユーザは，この注意義務を尽くさなかったのである。

6　加藤新太郎編『判例Check　契約締結上の過失（改訂版）』（新日本法規出版，2012年）12頁参照。

また，以下の裁判例〈29〉も契約締結上の過失責任を認めている。

〈29〉東京地判平20・7・29ウエストロー2008WLJPCA07298010

事　案	ベンダ（原告）が，ユーザ（被告）に対し，主位的にはシステム開発の業務委託契約に基づき，予備的には前記契約の準備段階における信義則上の注意義務違反（不法行為）に基づき，損害賠償の支払を求めた事案である。
結　論	ベンダの請求を一部認容。
取り上げる争点	契約締結上の過失責任の成否
判　旨	肯定 　①ユーザは，平成17年7月に予定されていた本件事業の稼働時期に間に合わせるため，本件システムを早急に完成させる必要に迫られていたことから，ベンダに対し，前記納期を前提として短期間にシステムを完成させたいと相談を持ちかけ，相談後，ただちに本件機密保持契約を締結したこと，②これを受けて，ベンダは，見積額を告げたうえ，開発を急ぐために経験豊かな上級システムエンジニア（プロジェクトマネージャー）を2人も投入し，ただちに本件システムの開発業務に着手したばかりか，同年4月21日からは，ユーザの要請に応じて，30年以上の経験を有するEをユーザに常駐させて本件システムの開発業務に専念させたこと，③その後，ベンダは，ユーザから，前記納期に間に合わせるために要件定義と並行して設計業務を行うよう強く求められたため，これに応じて本件システムの開発業務に関する委託契約を締結しないまま，設計業務にも着手したこと，④ユーザは，ベンダ以外のシステム開発業者との間でも機密保持契約や業務委託基本契約を締結するなどしていたが，ベンダにはこれを秘匿し，本件システムの開発業務委託契約締結について「社長の稟議を通すためには，システム開発業者の間で入札を実施した体裁を整える必要がある。社長の稟議を通すため，形式的に入札を実施するだけだから，安心しろ。」などと説明したにすぎなかったこと，⑤このため，ベンダは，ユーザの要請に応えるべく本件システムの完成を急ぐために多数のシステムエンジニア等を動員して本件システムの開発業務にあたらせ，ユーザから契約締結拒絶の通告を受けるまでの間に，要件定義をほぼ終了させ，基本設計と詳細設計の一部も作成したうえ，これらの成果物をまとめてユーザに提出したこと等を指摘することができる。これらの事実関係に照らすと，ユーザの前記各行為によって，ベンダが，ユーザとの間で，本件システムの開発業務に関する委託契約が締結さ

	れることについて強い期待を抱いていたことには相当の理由があるというべきであって，ベンダは，ユーザの前記各行為を信頼して，主力となる人材を投入するなどかなりの費用を掛けて前記のような本件システムの開発業務を遂行し，他方，ユーザは，ベンダが前記のとおりの費用を費やして本件システムの開発に至ることを十分認識しながら前記各行為に及んだものというべきである。したがって，ユーザには，ベンダに対する関係で，契約準備段階における信義則上の注意義務違反があり，ユーザは，これによりベンダに生じた損害を賠償すべき責任を負うというべきである。

　以下の裁判例〈30〉では，契約締結上の過失責任が認められたが，発注前に作業に着手した過失を捉えて，過失相殺がされている。

〈30〉東京地判平19・11・30ウエストロー2007WLJPCA11308017

事　案	ベンダ（原告）とユーザ（被告）は，ユーザの新基幹システム構築のためのソフトウェア開発委託基本契約を締結し，これに基づきベンダが基本設計フェーズ1と業務改革プロジェクトの作業を完了させ，引き続き基本設計フェーズ2の作業を開始したところでユーザの経営方針により新基幹システムの構築自体が中止されることとなった。 　本訴請求は，主位的には開発委託契約に基づく開発費用支払請求として，予備的には契約準備段階の過失に基づく損害賠償請求等として，ベンダがユーザに対し，要した開発費用から既払分を控除した残額等の支払を求めた事案である。 　反訴請求は，ユーザがベンダに対し，前記既払分は，存在しない業務に関する請求書等に基づくものであるとして，不当利得返還請求をした事案である。
結　論	ベンダの本訴を一部認容，ユーザの反訴請求を棄却。
取り上げる争点	契約締結上の過失責任の成否
判　旨	肯定 　ベンダとしては，基本設計フェーズ1の作業終了後である同年8月には，主にユーザの担当者らとの打合せ等を通じ，ユーザにより基本設計フェーズ2についてもそれまでの工程と同様の形で発注行為がなされるものとの強い信頼を有するに至っていたと認められるから，ベンダとの間で本件基本契約および個別契約を締結して本件プロジェクトを基本設計フェーズ1まで進めてきたユーザとしては，そのような打合せ等の過程に照らし，信義則上，ベンダに対し，そのような信頼

を裏切って損害を被らせないように配慮すべき義務を負っていたというべきである。にもかかわらず，ユーザは，現場責任者であるDにおいて平成16年8月の時点で基本設計フェーズ2の開始を了承し，その後同年10月下旬に本件プロジェクトが凍結となるまで，ベンダが前記作業を行っていることを認識しながら，これらの作業について注文書が発行されない可能性の有無やその場合にベンダが負うリスクについて言及することなく，むしろユーザの現場担当者がベンダに協力して作業を進めるのを漫然と容認していたのであって，そのようなユーザの対応は，前記のような信頼を抱いていたベンダとの関係において，前記信義則上の義務に違反したものと認めるのが相当である。

　本件でベンダは，EBS検証および基本設計フェーズ2の作業についてユーザからの正式な発注行為がないにもかかわらず各作業に着手しているところ，ベンダ側においても，信義則上，前記各作業を行う前にユーザに対し正式発注を求めたり，作業開始後一定期間が経過しても正式発注がなされないのであれば前記各作業を中止するなど，損害発生，拡大を防ぐための対応を取ることが期待されていたというべきである。したがって，このようなユーザの正式な発注行為がなかったにもかかわらず前記各行為を行った点についてのベンダ側の落ち度も総合して考慮すると，公平の見地から，ベンダ側の過失割合を3割として，ユーザは，前記ベンダに生じた損害の7割である9138万5161円について，損害賠償責任を負うと解するのが相当である。

　これらの契約締結上の過失責任の肯定事例では，多かれ少なかれ，ユーザが正式な契約や発注を行わないまま，ベンダを都合よくただ働きさせていた面が見受けられる。さまざまな理由・動機から正式発注を受けないまま先行作業を行ってしまうベンダ側にも問題はあるが，ユーザ側も，ベンダに事実上作業を行わせた場合には契約がなくとも有償になり得ることを認識し，一定以上の負担をかける場合にはフェアな支払を検討すべきである。そうでないと最悪の場合，法廷闘争を経た末に予算措置を講じていない不慮の出費を強いられることになり，「ただより高いものはない」ということになりかねない。

　他方，契約の成否のところで取り上げた以下の裁判例〈1〉，〈4〉では，契約締結上の過失責任は否定されている。

〈1〉再掲　東京地判平17・3・28ウエストロー2005WLJPCA03280008

取り上げる争点	契約締結上の過失責任の成否
判　旨	否定 　ベンダとユーザとが本件システム開発の請負について相当具体的な交渉，協議を行ったことは確かであり，ユーザの担当者であるEがベンダに発注したいとの意向を示していたことも一概には否定できないものの，〈1〉ユーザがベンダを含む3名からの提案を比較して契約締結の判断をすることが前提となっていたこと，〈2〉ユーザの担当者がベンダに発注すると明確な発言をしていたとは認められないこと，〈3〉本件メールは，一定の条件を満たせばベンダに発注する旨のものであるが，当該条件が満たされるまでは契約締結を留保するという趣旨に理解されるものであること，〈4〉ユーザとベンダの間の打合せについて，ユーザとの間で，ベンダが有償の作業に入る節目となるような特別の位置付けが与えられていたとは認められないこと，〈5〉前記〈1〉ないし〈4〉によれば，ベンダにおいても，ユーザとの間で本件システム開発についての合意が成立していないことは認識し得たこと，〈6〉同日以降の作業はベンダの主導の下に行われ，ユーザの担当者において有償となる作業を要請したような形跡がなく。また，ベンダからもユーザに対して同日以降は有償の作業に入る旨を明確には説明していないこと，〈7〉ユーザがベンダ提示の見積額の上昇に納得できずその提案を断ったなどの経緯について，不当というべき事情もうかがわれないことなどの諸点に照らせば，ユーザがベンダとの契約締結の交渉過程において信義則上の注意義務に違反する行為を行ったとは認められず，他にこの点を左右するまでの主張，立証はない。

〈4〉再掲　東京地判平20・2・7ウエストロー2008WLJPCA02078011

取り上げる争点	契約締結上の過失責任の成否
判　旨	否定 　1次下請ベンダは，2次下請ベンダに対し，当初から，元請からの1次下請ベンダへの正式な発注がなされていないことを説明していた。1次下請ベンダは，本件内示発注書に「正式発注は，エンドユーザーより正式発注をお受け次第後日発行致します。」と記載し，正式な契約がなされていない前提での文書であることを明確にしていた。3月

	31日には，元請，2次下請ベンダ，1次下請ベンダとの打合せにおいて，元請から当初予定していたシステムでは不都合がありプランの変更が必要であることやエンドユーザーとの契約が依然できていないことについて確認されていた。1次下請ベンダにおいては，2次下請ベンダに対し，契約の成否に関する情報を十分に提供していたといえるし，2次下請ベンダにおいても，それを把握できていたと認められる。1次下請ベンダとしては，前記のように随時情報を提供していたものであって，2次下請ベンダにおいて，最終的に契約の締結に至らない可能性があることは当然に予測しておくべきことであったといえる。

②　多段階契約の場合

　ここでシステム開発における複数のフェーズから構成される多段階契約と契約締結上の過失の関係について，近時，地裁と高裁の判断が分かれた注目すべき裁判例があるので紹介しておく。

〈31〉　東京高判平27・5・21判時2279号21頁

事　案	元請ベンダ（被控訴人，1審被告）との間で本件システムの再構築に係る開発業務を請け負う基本請負契約（本件基本契約）を締結した下請ベンダ（控訴人，1審原告）が，元請ベンダに対し，元請ベンダが複数のフェーズから構成される本件システムの開発業務のうちの最終段階にある開発設計段階（新フェーズ3）の作業を発注することを約束しまたは下請ベンダに対して発注を受けることができるとの期待を生じさせ，新フェーズ3の代金額に転嫁する前提でフェーズ2の開発費用1555万円をフェーズ2の代金額に含めず，かつ，180万円を減額したにもかかわらず，元請ベンダは新フェーズ3の作業を発注しなかったとして，当該約束に基づく元請ベンダの債務不履行または下請ベンダに期待を生じさせた点に係る元請ベンダの過失による不法行為に基づく損害賠償として，下請ベンダに生じた損害合計1735万円等の支払を求めた事案である。 　原審[7]は，新フェーズ3について元請ベンダから下請ベンダに対する発注約束があったものとは認められないとしたが，下請ベンダが提示したフェーズ2の再見積額のうち180万円については，追加発注による補填または代替的な補償措置を下請ベンダが受けることができると期待することは無理からぬことであり，契約締結上の過失責任（不法行為に基づく損害賠償責任）を認め，4割の過失相殺をした108万

7　東京地判平26・11・20ウエストロー2014WLJPCA11208013。

	円の限度で請求を認容した。これに対し，下請ベンダが控訴し，元請ベンダが附帯控訴した。
結　論	下請ベンダの控訴棄却，元請ベンダの附帯控訴部分につき，原判決を取り消して請求棄却。
取り上げる争点	契約締結上の過失責任の成否
判　旨	否定 　下請ベンダと元請ベンダとの間で締結された本件基本契約においては，本件システム再構築の請負業務は多段階契約方式で行われるものであり，フェーズごとの個別契約の締結をまって，業務の範囲，納期，納入物の明細，代金支払条件等が定まるものとされていたのであるから，本件基本契約の締結によって，本件システム再構築の全工程の個別契約の締結までもが当然に約束されたものではなかったものである。 　ユーザ，下請ベンダおよび元請ベンダが一堂に会するなどして協議を重ねる中で，平成24年5月以降，たびたびフェーズ3以降の工程の発注は約束されたものではない旨のユーザの意向が下請ベンダおよび元請ベンダに協議の場やメールで伝えられていた。 　本件メール[8]は元請ベンダがユーザに対してフェーズ3を発注する際の元請ベンダの要望を告げたという域を出ないものであって，元請ベンダが下請ベンダに対して新フェーズ3の発注を確約したことを示す根拠となるものでもないというべきである。そして，下請ベンダ代表者としても，前記のような交渉経緯を経て本件メールのコピー送信を受けたことを認識していたものであり，本件メールの内容からしても，これまでの経緯に反してユーザが元請ベンダや下請ベンダに対して今後本件プロジェクトを続行する意向を示したことをうかがわせるものでないことは明らかであるから，元請ベンダが送信した本件メールは，下請ベンダに元請ベンダから新フェーズ3が発注されると誤信させるような内容ではないし，下請ベンダにそのような期待を抱かせるものともいえない。下請ベンダ代表者が，新フェーズ3が発注されれば，これによってこれまでの開発作業の対価を回収することが可能

[8]　原判決は，下請ベンダが法的保護に値する期待を抱いたことについての元請ベンダの責任の論拠について，元請ベンダは，新フェーズ2の代金の一部を新フェーズ3に移動するとのユーザの意向に沿ったメール（本件メール）をユーザに送信すると同時に下請ベンダにもコピー送信したうえで，本件覚書の締結に至ったのであるから，下請ベンダが前記期待をするであろうことを認識可能であった点を指摘した。

51

であると考え，そのことに期待を寄せていたと認められるとしても，元請ベンダから新フェーズ３の発注が約束されたことを前提としたとまで認めることはできないから，前記のような期待は単なる期待感にすぎず，法的保護に値するものということはできない。
　元請ベンダには下請ベンダに対して不法行為を構成するような過失があるとはいえないし，たとえ下請ベンダが新フェーズ３の発注を受けることができると期待したとしても，それが法的保護に値する正当な期待であったともいえないから，その余について判断するまでもなく，下請ベンダの不法行為に基づく賠償請求は理由がない。

　この控訴審判決は，システム開発契約の多段階契約の実務を重視するものであり，ベンダの立場としては，多段階契約の場合において，次のフェーズが発注されるとの甘い期待に従って行動をすると痛い目を見る可能性があるという教訓を与えるものである。

　ユーザとしても，契約成立前に何らかの作業を行ってもらう場合には，ベンダ側からの契約の成立への信頼惹起行為があったという主張を封じるために，次フェーズを発注するとは限らないということを，文書やメール等の証拠に残る形で，明確にベンダ側に伝え続けることが重要となる。逆に，ベンダとしては，ユーザの意向によりやむを得ず契約締結を待たずに次フェーズの作業を先行して開始せざるを得ない場合には，次フェーズの発注を前提とした仮発注書，内示書等の文書やメールを残してもらうことが重要となる。少なくとも，商法512条の相当報酬請求権を放棄したとの主張をされないように，ベンダの責に帰さない事由で発注がされなかった場合は，発注をしない旨の通知を受け取るまでの間の作業分については，所定の単価額で報酬の請求ができることを何らかの形でユーザに告げておくことが有益である。

③　ユーザからベンダに対する請求が認められた例

　以上に関連して，逆に，ベンダが，当初示していた納期を３カ月猶予するように求めたことにより，ユーザがベンダとの間のシステム開発契約締結を断念せざるを得なくなったことについて，ユーザからベンダに対する契約締結上の過失に基づく損害賠償請求が認められた例として，前記裁判例〈24〉東京地判平19・10・31ウエストロー2007WLJPCA10318005がある。この判決では，反訴において，ベンダによるユーザに対する相当報酬請求も認められている。

債務不履行・契約不適合（瑕疵）に関わる論点

1 紛争ケースと請求の内容

　契約書を取り交わしてシステム開発を進めていたが，当初合意されていた稼働時期までにシステムが稼働しないままプロジェクトが途中で頓挫してしまい，紛争になることはしばしばある。たとえば，ユーザは，まだ仕様どおりのシステムになっていないとして，ベンダに対して追加の修正対応を求めているが，ベンダは，合意された範囲の仕事はすべて終えており，これ以上の対応が必要であれば追加契約（追加代金の支払）が必要であると主張して対立するケースである。このケースでは，ユーザは，既存契約の範囲内で対応すべきと主張して追加代金の支払を拒絶し，ベンダは，追加契約なしに作業をずるずると継続すれば赤字が拡大するため，仕事は完了したと主張してプロジェクトから撤退し，ユーザに未払報酬の請求を行うということがしばしば発生する。この場合，ユーザはベンダに対して損害賠償請求（および解除に伴う既払代金の返還請求）をすることになる。このようなケースでは，ベンダが請け負った仕事が「完成」したといえるかが最大の争点になる。

　他方，ベンダが納期を遅延しながらも完成に向けた努力を続けている間に，ユーザが見込みなしとして契約を解除し，ベンダに作業の中止および退場を求めるケースもよくみられる。このような場合に，ユーザの側が自己都合で解約したことを認めれば，ユーザのベンダに対する損害賠償のみが問題になるが（請負契約：民法641条，準委任契約：同法651条），多くのシステム開発訴訟においては，ユーザはベンダに責任があると主張し，ベンダはユーザに責任があると主張して，プロジェクトの頓挫の原因（帰責事由）がどちらにあるのかが最

大の争点となる。この場合，ユーザはベンダに対して損害賠償請求（および契約解除に伴う既払代金の返還請求）を行い，ベンダはユーザに対する未払報酬請求（および損害賠償請求）を行うことになる。

　ユーザのベンダに対する損害賠償請求および契約解除の法的根拠としては，債務不履行（損害賠償：民法415条，解除：同法541条・543条）によるのが一般的である。その他に，請負契約では契約不適合責任（瑕疵担保責任）が根拠とされることもある。また，契約成立に至っていない場合や契約に明記された義務以外の義務を主張する場合に，不法行為に基づく損害賠償請求（同法709条）が行われるケースもある。

　ユーザがベンダに対して債務不履行に基づく損害賠償請求を行うためには，①契約の成立，②債務不履行に該当する事実，③損害の発生・金額，④相当因果関係（同法416条）を立証する必要がある。これに対して，ベンダは抗弁として，自己に帰責事由がないことを主張立証することができる。請負契約の場合には，期限の徒過などが②の内容となり（これに対してベンダは仕事の完成を抗弁として主張できる），準委任契約の場合には，善管注意義務違反に該当する具体的事実が②の内容となる。契約不適合責任（瑕疵担保責任）に基づく損害賠償請求の場合は②の要件が「契約不適合」（「瑕疵の存在」）に代わり，不法行為に基づく損害賠償請求の場合は②の要件が「故意・過失」に代わるだけで，基本的な構造は同じである。近時では，契約の性質や法律構成にかかわらず，「ベンダのプロジェクトマネジメント義務違反」および「ユーザの協力義務違反」の有無・程度により，帰責事由の有無が判断される事例が増えている。

　ベンダのユーザに対する報酬請求権の根拠は，仕事が完成している場合は，仕事の完成に基づく契約上の報酬請求権となり，プロジェクトが途中で頓挫しており，ユーザが頑なに協力を拒んで履行不能となっている場合には，ユーザの帰責事由による危険負担（民法536条2項）となる。なお，両者いずれにも帰責事由がない場合には，報酬請求はできない（同条1項）。

２　請負契約における「仕事の完成」

(1)　「仕事の完成」に至ったとされる基準

　プロジェクトが途中で頓挫した場合，あるいはユーザにとって満足することができないようなシステムが構築された場合，ユーザがベンダに対して何を請求できるかは，状況により異なる。多くの場合，ユーザはベンダとの契約解消（未払金の支払拒絶および既払金の全額返還）を望むが，請負契約を前提とすると，作業が「仕事の完成」に至っていればベンダの義務は一応履行されたこととなり，ベンダには，報酬請求権が発生し，あとは契約不適合責任（瑕疵担保責任）の問題が残るにすぎない（重大な契約不適合（瑕疵）でない限り解除は認められない）。これに対し，作業が「仕事の完成」に至っていない場合には，債務不履行（履行遅滞または履行不能）に基づく解除の余地が出てくる。

　「仕事の完成」に関して，多くの裁判例では，仕事が当初の請負契約で予定していた最後の工程まで終わっているか否かを基準として判断すべきとされている。

　仕事が当初の請負契約で予定していた最後の工程まで終わっているかにより法的責任の帰趨が変わってくるため，ベンダとしては，プロジェクトがうまく行かずにユーザと対立するような状況が生まれた場合，多少不完全な部分があったとしても全工程の完了（全成果物の納入）が可能であればそこを目指すことになる。何をもって全工程を終えたといえるのかは，要件定義書，基本設計書，契約書の記載等に基づき，そこで予定されていた工程が一応すべて終わっているかにより判断されることになるため，これらの証拠の記載が重要である。

　この基準を採用して「仕事の完成」を認めた裁判例として，たとえば以下の裁判例〈32〉，〈33〉がある[9]。

9　前記裁判例〈27〉東京地判平22・1・22ウエストロー2010WLJPCA01228004も同じ基準を採用した例である。

〈32〉東京地判平14・4・22判タ1127号161頁

事　案	ベンダ（原告）は，ユーザ（被告）との間で，コンピュータ関連業務の業務請負基本契約を締結し，本件基本契約に基づき，ユーザの全社システム開発業務を内容とする請負契約を締結した。 　本訴請求は，ベンダが，ユーザに対し，本件請負契約およびその後の変更ならびに追加契約に基づき，請負代金を請求した事案である。 　反訴請求は，ユーザが，ベンダに対し，本件基本契約の解除に基づき，原状回復義務の履行としての既払金の返還を，また，ベンダによる不適切な本件システム開発により損害を被ったとして債務不履行に基づく損害賠償を請求した事案である。
結　論	ユーザの反訴請求を一部認容，ベンダの本訴請求を棄却。
取り上げる 争点	仕事の完成の有無
判　旨	肯定 　請負人が仕事を完成させたか否かについては，仕事が当初の請負契約で予定していた最後の工程まで終えているか否かを基準として判断すべきであり，注文者は，請負人が仕事の最後の工程まで終え目的物を引き渡したときには，単に，仕事の目的物に瑕疵があるというだけの理由で請負代金の支払を拒むことはできないものと解するのが相当である。 　これを本件システム開発業務についてみてみるに，本件システム開発業務は，大別して，〈1〉要件定義，概要設計，〈2〉詳細設計，〈3〉プログラミング，〈4〉結合テスト，〈5〉検証，総合テスト，〈6〉本稼働，〈7〉ドキュメント作成，提出，〈8〉ネットワーク回線工事，〈9〉データ移行という工程が予定されていたことが認められる。ベンダは，前記各工程を終了し，ユーザに対し，〈1〉平成8年2月8日には財務等に関するシステムを，また，〈2〉同9年7月から8月にかけて墓石等関連プログラムを，〈3〉同10年1月22日および同月27日ならびに同年4月3日にはドキュメントを納品していることが認められる。さらに，ユーザは，同9年10月から，本件システムを本格稼働させ，同10年10月ころまで使用を継続していることが認められる。以上によれば，ベンダは，本件システムを完成させたと認めるのが相当である。

〈33〉 東京高判平26・1・15D1-Law28220149

事　案	本訴請求は，ベンダ（被控訴人，1審原告）がユーザ（控訴人，1審被告）に対し，ユーザの次期情報システムの開発プロジェクトについての業務委託基本契約に係る個別契約である本件新基幹システムに係るソフトウェア開発個別契約に基づき，未払委託料等を請求し，一部については予備的に，商法512条に基づき同額の請求をする事案である。 　反訴請求は，ユーザが，ベンダは本件ソフトウェア開発個別契約に基づく完成義務を履行せず，また，その仕事に瑕疵があるために契約の目的を達することができないとして，本件ソフトウェア開発個別契約の解除が有効であると主張し，ベンダに対し，債務不履行または瑕疵担保責任に基づく損害賠償請求をする事案である。 　原審は，ユーザの反訴請求を一部認容して，その余の反訴請求およびベンダの本訴請求をいずれも棄却したが，ユーザが控訴し，ベンダが附帯控訴をした。
結　論	原判決変更，附帯控訴棄却（ユーザの反訴請求の認容額を増額）。
取り上げる争点	仕事の完成の有無
判　旨[10]	肯定 　両当事者間では，平成20年9月末のシステム納品の期日を同年12月末日までに延期し，その間シナリオテストを実施して品質の確保をすることとしていたのであり，平成21年1月5日の新基幹システムの納品報告においては，ベンダは，平成20年10月から12月にかけて行ったシナリオテストにより，不具合はほぼ収斂したとの認識を示している。他方，ユーザ担当者においても，平成20年12月31日の段階では「一応全てのシナリオの確認が終わりました」との認識で，翌年の1月5日の納品を受けることとなったのである。そうすると本件ソフトウェア開発個別契約で両当事者の協議により別途定めるとされた納入条件は，前記シナリオテストを終えて一応の品質の確保がされたことであったと認められ，両当事者の意思は，平成21年1月5日の納品日には，本件ソフトウェア開発個別契約で予定された最後の工程まで終えて納品がされるとの認識を有していたものと認められる。

　以下の裁判例〈34〉は，複数の事情を総合考慮することにより，仕事の完成を認めた。

10　原判決である東京地判平25・5・28判タ1416号234頁の判断を維持した部分である。

〈34〉 札幌高判平29・8・31判時2362号24頁

事　案	本件は，以下の第1事件と第2事件が併合されたものである。 　第1事件は，ベンダ（1審被告）が納期である平成22年1月3日に病院情報管理システムの完成および引渡しをしなかったことから，ユーザ（1審原告）に逸失利益等の損害が生じたと主張して，ユーザが，ベンダに対し，前記契約の債務不履行に基づき，損害賠償等の支払を求める事案である。 　第2事件は，本件システムの完成および引渡しが遅れたことにつきベンダに帰責性はないのに，ユーザの協力義務違反および無効な解除の意思表示を前提とする不当な受領拒絶により，ベンダは前記契約に基づく完成義務を履行し得なくなったなどと主張して，ベンダが，ユーザに対し，損害賠償等の支払を求める事案である。 　第1事件・第2事件ともに請求を一部認容したが，双方が控訴した。
結　論	第1事件の請求棄却，第2事件について請求を一部認容。
取り上げる争点	仕事の完成の有無
判　旨	システム開発では，初期段階で軽微なバグが発生するのは技術的に不可避であり，納品後のバグ対応も織り込み済みであることに照らすと，バグ等が存在しても，システムを使用して業務を遂行することが可能であり，その後の対応で順次解消される類のものであれば，仕事が完成したと認定すべきである。 　上記の見地から検討するに，以下のような事実に照らすと，本件システムは，遅くとも本件解除時（平成22年4月26日）までには，ユーザの協力が得られずに保留せざるを得なかった1項目を除き，全て完成していたものと認められる。 ア　リハーサルの実施 　遅くとも平成21年12月13日までには，本件システムは外来リハーサルを実施できる程度にまでは完成していた。 イ　総合試験結果 　ベンダは，本件システムへの切替時または切替後に実施すべき6項目を除く項目について総合試験を実施し，総合試験を実施した全ての項目について合格と判定されるに至っている。 ウ　「技術仕様書未実施リスト」 　結局，本件仕様凍結合意時に本件システムに含めることに合意された機能6486項目のうち，平成22年3月16日時点で開発未了だったのは1項目に過ぎない。

　　これは，「ベンダ仕様作成中（病院様へ確認が必要なため，作業を保留）」とされており，ベンダは，上記6486項目について，平成22年3月16日までに，ユーザの協力が得られずに保留せざるを得なかった1項目を除く全てについて開発を完了させたものと認められる。

エ　「プロジェクト再開に向けてのご提案」

　「プロジェクト再開に向けてのご提案」は，同日時点における本件システム開発の進捗状況として，「プログラムの不具合」（バグ）112個のうち110個は既に対応が完了しているとしていた。

　　未完了の2項目のうち，1項目は，ユーザが確定すべき帳票フォーマットの仕様に関するものであり，平成22年1月14日のWGの席上，5日以内に完成可能である旨が伝えられていた。他の1項目は，本件技術仕様書上，バグではなく，開発対象外の開発要望であった。

オ　完成証明資料

　ベンダが平成22年6月25日までに作成した完成証明資料によれば，同日までには，ユーザの協力が必要であった1項目を除き，本件システムが完成していた事実が認められる。

　　上記完成証明資料は，同年4月26日時点での完成度を直接に示すものとはいえないが，同年2月1日以降，ユーザの協力が得られなくなったこと，同年3月16日までには本件システムはユーザの協力が必要であった1項目以外全て開発を完了していたこと，本件解除通知後に更にプログラム作成作業を継続していたとは考え難いことなどに照らすと，同年4月26日時点でも同程度の完成度であったと見るのが相当である。

　以下の裁判例〈12〉は，システムテスト・本番リハーサルはユーザが主担当として行うべき作業であって，システムテスト・本番リハーサルが終了していないとしても，当初予定された最後の工程まで一応終了したものといえるとして仕事の完成を認めた。

〈12〉再掲　東京地判平22・12・28判タ1383号241頁

取り上げる争点	仕事の完成の有無
判　旨	仕事の完成を肯定 　本件導入支援業務契約において当初予定されていた工程は，システムテスト・本番リハーサルを除いて平成18年2月28日までにおおむね終了したものと認められるところ，①本件プロジェクト計画書および本件要件確認書には，「システムテスト」の項目において，ユーザの

担当の欄には主担当を意味する「◎」印が記載されているのに対し，ベンダの担当の欄には「○」印が記載されており，また，備考欄に「お客様に実施していただきます。STNetはテスト実施における問合せ対応」「システムテスト：1日　本番リハーサル：2日」と記載されていることが認められ，これらの事実に照らせば，システムテスト・本番リハーサルはユーザが主担当として行うべき作業であって，かつ，合計3日程度で終了する作業であったこと，②ベンダは，平成18年2月10日ころ，ユーザからテストシナリオを受領し，確認するとともに，同月20日ころ，ユーザがテストを実施したことを確認し，ベンダは，ユーザのシステムテストの問合せ対応を同月28日まで行ったことが認められ，これらの事情にかんがみれば，ベンダが本件導入支援業務契約上担当する作業は一応終了したものといえるから，システムテスト・本番リハーサルが終了していないとしても，当初予定された最後の工程まで一応終了したものといえる。

したがって，ベンダは，導入支援業務を完成させたものということができる。

他方，「最後の工程」まで終わっているか否かの基準を採用し，完成を否定した裁判例として，たとえば，以下の裁判例〈35〉がある。

〈35〉東京地判平22・12・27ウエストロー2010WLJPCA12278019

事　案	ユーザ（原告）とベンダ（被告）は，車両安全運転・運行管理システムの製作について請負契約を締結したが，履行遅滞解除に基づく原状回復および損害賠償の支払等を求めた事案である。
結　論	請求認容。
取り上げる争点	仕事の完成の有無
判　旨	否定 本件請負契約の請負代金の明細では「本部標準ソフトのカスタマイズ」の請負代金として800万円が含まれているから，本件システムで使用するソフトに関しては，カスタマイズされたソフトをインストールするということが予定された最後の工程となる。 ベンダがインストールしたソフトがカスタマイズされたものであったか否かを検討するに，ベンダがカスタマイズされたソフトを納入したという事実を認めることはできない。 ベンダがカスタマイズされたソフトをインストールしたことを直接に示す検収書，受領書等はなく，カスタマイズされたソフトの全体像

	を示すもの（たとえば，ベンダにおける控えの類）も存在しない。 　本件システムのマニュアルについて，ベンダの主張によっても，平成18年7月までベンダがこれをユーザに交付していないことも，同様に，ベンダが平成17年4月13日までにカスタマイズ作業を終了していなかった事実を推認させる。

　ここでいう「最後の工程」まで終わっているというのは，一定水準以上のクオリティにおいて最後の工程まで終わっているということを意味しており，当然ながら，単に形式的に当該工程を実施したことにしているが，中身が伴っていないというような場合には，「最後の工程」まで終わっていることにならない。以下の裁判例〈36〉では，一見，「最後の工程」まで終わっているかという基準では判断されていないかのように思えるが，〈36〉の裁判例では，実装されていない機能が契約締結を基礎付けた極めて重要な機能であることから，このような機能すら実装されていないということであれば，実質的にみれば，開発工程が終了したとは言えないと判断したとも評価し得る。上記のような評価を前提とすれば，〈36〉の裁判例も「最後の工程」まで終わっているかという基準と整合的に理解することができるであろう。

〈36〉 東京地判平19・12・4 ウエストロー2007WLJPCA12048005

事　案	本訴請求は，ユーザ（原告）とベンダ（被告）が，プログラム開発にかかる請負契約を締結したところ，ユーザが，ベンダにおいてこれを完成させなかったとして，前記請負契約を解除したうえ，ベンダに対し，同契約解除に基づく原状回復請求権として既払代金の返還と債務不履行に基づく損害賠償請求権として購入した機器代金相当額等の支払を求めた事案である。 　反訴請求は，ベンダが，ユーザにおいて前記請負契約におけるプログラム開発に必要な発注者としての協力義務を果たさなかったとして，ユーザに対し，主位的に，債務不履行に基づく損害賠償請求権としてプログラム開発に要した人件費と受領済みの代金との差額分の支払を求め，予備的に，仮にユーザの前記解除が認められたとしても，ユーザには前記債務不履行があったとして，債務不履行に基づく損害賠償請求権として，前記人件費の支払を求めた事案である。
結　論	ユーザの本訴請求を一部認容，ベンダの反訴請求を棄却。
取り上げる 争点	仕事の完成の有無

判　旨	否定
	ベンダ作成システムにおいては，ベンダも認めるとおり，本件開発目的を満たす機能のほとんどが含まれていないものである。本件開発目的のうち実装されていない機能は，本件システムを利用する会員企業において，新規顧客，新規仕入先を獲得し，資金調達を可能にし，新規事業での提携先の発掘を可能にするサービスを提供することになるものとして，ベンダが提案し，ユーザ代表者において，総額2100万円の費用を負担する本件請負契約の締結を決定付けた要素であったといえるのであって，このような機能を実装していないベンダ作成システムをもって本件請負契約の仕事を完成したとはいえない。

(2)　「検収」との関係

　ベンダからは，仕事の完成を示す証拠として，ユーザの発行した「検収書」が提出されることがある。

　システム開発契約においては，検収が代金支払の基準になっているケースが多く（会計上も検収をもって売上の発生を認めるケースが多い），ベンダとしては代金を支払ってもらうため，できるだけ早期の検収を求めることになる。しかし，法律上，検収の効果を定めた条文があるわけではなく，検収により当然に仕事完成義務が履行されたことになるものでもない。そのため，契約に検収の効果を明確に定めておくことが重要である。

　逆に，ユーザとしては，契約書に検収の効果に関する明確な規定がある場合はもちろん，そうでない場合も，ユーザが代金支払の契機となる検収をしたということは，完成を確認したはずであるという経験則から仕事の完成が推定される場合がある。また，契約には，ベンダからの納品後一定期間内にユーザが具体的な理由を示して異議を述べない場合には，検査合格とみなすとのみなし検収規定がおかれる場合が多く，このようなみなし検収規定の要件を充足するような場合にも，同様に仕事の完成が推定される場合がある。

　次の裁判例〈23〉は，みなし検収規定により仕事の完成を推認しているが，予定されていた一部の機能が未実装であることについて実質的な検討を行ったうえで，当該未実装の機能は仕事の完成の有無には影響しないと認定している。

〈23〉再掲　東京地判平25・9・30ウエストロー2013WLJPCA09308011

取り上げる争点	みなし検収規定と仕事の完成
判　旨	仕事の完成を肯定 　本件個別契約の業務の内容は，設計，プログラムの作成，テスト，ドキュメントの作成をしたうえで，これらを納品することであるところ，下請ベンダは，本件プログラム一式および成果文書を完成させたうえ，納品しており，本件プログラム一式に対しては元請ベンダも本件検収確認書を発行したことが認められるうえ，成果文書に関しても，元請ベンダは，納品を受けてから20営業日以内に検査結果の通知を行っていないと認められるから，本件基本契約14条4項[11]により，納品日である9月30日をもって検査に合格したこととなる。 　したがって，下請ベンダは，本件個別契約で予定された最後の工程まで終えたものであり，仕事を完成させたと認められる。 　確かに，本件システムには，本件個別契約で実装が予定されていたもののうち，本件各未実装機能が実装されていなかったことが認められる。 　しかし，本件システムについては，二次開発，三次開発が予定されていたこと，下請ベンダ担当者が，元請ベンダ担当者に対し，6月1日，本件各未実装機能の仕様について確認を求めたにもかかわらず，元請ベンダはこれに応答しなかったこと，元請ベンダ担当者は，下請ベンダ担当者に対し，8月2日の時点で，本件システムには未実装の機能があるが，これは，別会社に発注するので，ユーザ，元請ベンダおよび下請ベンダ担当者で要件定義を策定したいなどという内容のメールを送信していること，本件各未実装機能の全機能に占める割合はごくわずかであること，元請ベンダは，本件プログラム一式について検収合格としていることなどからすると，下請ベンダと元請ベンダは，遅くとも本件プログラム一式の納品がされた時点において，本件各未実装機能については，二次開発以降に実装することを黙示的に合意していたものと認めるのが相当である。したがって，本件各未実装

11　本件基本契約14条4項は，元請ベンダは，個別契約に基づき下請ベンダより納入物の納入がされ，または対象業務の履行が完了した旨の通知を受けた場合，当該期日から20営業日以内に納入物または対象業務の履行内容を検査し，納入された納入物に個別契約に定める納入物の仕様に合致しない不具合部分を発見した場合には，ただちに下請ベンダに通知する／当該期間内に元請ベンダが検査結果の通知を行わない場合は，納入日をもって検査に合格したものとするとのみなし検収規定である。

	機能の存在をもって，本件プログラム一式が未完成であるということはできない。

　実務上は，ベンダの決算時期等の関係で，システムの一部が未完成であるにもかかわらず，ユーザが先行的な検収書への捺印，代金支払を懇願されるケースもしばしば見受けられる。あるいは，多段階契約の途中のフェーズで，ユーザが検収を行わなければ次のフェーズに進めず，全体の開発スケジュールが遅れることから，一部の不具合をそのままにしつつ形式的に検収，代金支払を行うケースもある。これらのような事例で，検収という行為を法的にどのように評価すべきかは本来問題であるが，ユーザとしては，後になってベンダから完成を認めたと主張された場合に，口頭のやりとりを立証してその主張を覆すことは困難であることは頭に入れておかなければならない。ユーザとしては，上記のような理由で検収自体には応じざるを得ない場合であっても，未完成と考える点についてはベンダから念書等を出させるか，少なくとも明確に証拠に残る形で指摘しておくべきであろう。

　以上の事例とは異なり，システムが客観的に完成しているにもかかわらず，ユーザが頑なに検収を拒絶した場合，いつまでも代金支払義務を負わないと言い張れるのかというと，そのようなこともない。前記のとおり，ベンダとしては，予定された全工程が一応完了していれば仕事の完成は認められる。

　たとえば，前記裁判例〈33〉東京高判平26・1・15D1-Law28220149では，検収はあくまでベンダではなくユーザが行うものであるから，検収がないことをもってシステムが完成していないとすることはできないとしている。

　また，以下の裁判例〈37〉は，さらに進んでユーザの「検収協力義務」を認めている。不合理に検収を拒絶することは，ユーザにとって債務不履行となるリスクもあるので，留意が必要である。

〈37〉東京高判平27・6・11D1-Law28232607

事　案	本訴請求は，ベンダ（被控訴人，1審原告）が，ユーザ（控訴人，1審被告）との間で，ユーザの販売管理システム（本件システム）の開発等を目的とする契約を締結し，前記契約に基づきシステムを検収可能な程度に完成させたにもかかわらず，ユーザが検収を拒み続けたために前記契約を合意解除するに至ったとして，ユーザに対し，債務

	不履行に基づき損害賠償金等の支払を請求した事案である。 　反訴請求は，ユーザが，前記契約に基づいたシステムは完成に至らなかったとして，ベンダに対し，債務不履行に基づき損害賠償金等の支払を請求した事案である。
結　　論	原判決一部変更（原判決のベンダの本訴請求の認容額を減額して一部認容，ユーザの反訴請求を棄却）。
取り上げる 争点	ユーザの検収協力義務の有無
判　旨[12]	肯定 　ソフトウェア開発においては，構築したソフトウェアの検収作業は，ユーザとベンダの協力作業となり，ユーザにも検収に協力する義務があるというべきであるのに，ユーザは，平成19年2月のテスト稼働時には本件システムが完成していたにもかかわらず，それまでの合意に反し，ロール発注残のデータ移行ができないことにクレームを述べて本稼働を行わず，その後も合理的な理由なく検収を拒み続けたものであるから，この点について，ユーザに債務不履行があったといえる。

　なお，ユーザが検収をしたとしても，契約不適合責任（瑕疵担保責任）の追及が制限されるわけではない。

(3)　ベンダによる「撤退」との関係

　ベンダがいわゆる「赤字プロジェクト」の負担に耐えきれず，一方的にプロジェクトから「撤退」した場合，仕事の完成義務を果たさずに自らその履行を放棄するのであるから，債務不履行責任を負うのが原則である。

　しかし，ベンダの置かれた状況によっては，このような撤退が正当化される場合もある。たとえば，ユーザの要求事項が増えたことにより開発工数が著しく増加したにもかかわらず，ユーザが，ベンダからの追加契約や代金増額の要請には耳を貸さず，請負契約であることを盾にとって，当初請負代金ですべて賄って完成せよとゴリ押しするようなケースがそれにあたる。

　このような場合には，ベンダが開発作業を中止して撤退したとしても，完成義務違反による債務不履行とならないとした裁判例が以下のとおり複数存在する。

12　原審である東京地判平26・10・30判時2257号70頁の判断を維持した部分である。

〈38〉 東京地判平22・7・22判時2096号80頁

事　案	ユーザ（原告）が，ベンダ（被告）との間で人材派遣業務システムに係るコンピュータのソフトウェアの開発委託契約を締結し，これに基づいてベンダからシステム確認書（仕様書）やプロトタイプ（試作品）の納品を受けるなどしていたにもかかわらず，ベンダから追加費用を支払わなければ上記ソフトウェアの開発を続行できなくなったなどと告知され，上記開発委託契約を解除されたために，上記ソフトウェアが完成することを前提に支出した営業費用等に相当する金額の損害を被ったと主張して，ベンダに対し損害賠償の支払を求めた事案である。
結　論	ユーザの請求を棄却。
取り上げる争点	ベンダによる開発中止が債務不履行にあたるか
判　旨	否定 　一般に，要件定義が定まらない時点で締結されるシステム開発に係る契約については，開発規模それ自体の大きさなどを想定して契約金額が決められるのであるが，契約当事者間において開発内容を具体化していくその後の打合せにおいて，備えるべき新たな機能の追加など，当初の契約段階で客観的に想定されていた開発規模を超える内容のシステム構築を注文者が求めたような場合には，契約当事者の合意の基礎となった事情に変更が生じているのであるからユーザは，前記内容のシステム開発を当初の契約金額の範囲で受注者に対して製作することを求めることはできない。 　ユーザは，当初の合意である本件契約の段階で客観的に想定されていた開発規模を超える内容のシステム構築をベンダに対して要求したものであることは明らかであり，ベンダには，その後のユーザの要求事項を盛り込んだシステムの開発を，当初の契約金額で行うべき義務はないものというべきである。本件ソフトウェアに関する要求事項が拡大するのに伴って，ベンダはユーザに対し，開発を続けるために，要求された機能を一部削除するか，追加費用を支払ってほしいと説明したが，ユーザが，これをすべて拒否した。そうすると，本件契約が履行不能となったのは，ユーザにおいて，ベンダとの打合せのたびに新たな要求事項を追加するなどして，本件ソフトウェアの要件定義を確定させようとしなかったうえ，ベンダからされた追加費用の負担の提案にも一切応じようとしなかったことに最大の原因があると考えられる。そうだとすれば，ベンダに債務不履行（履行不能）の原因があ

るということはできない。

〈39〉　東京地判平21・5・29ウエストロー2009WLJPCA05298011

事　案	飲料水の製造販売業を営むユーザ（原告）が，A社に対し，ユーザにおける生産，在庫，出荷等の一元管理等を目的とする本件システム開発を発注し，A社から順次B社，C社，ベンダ（被告）が下請した請負契約について，A社の請負契約上の地位を承継する旨の合意をしたベンダに対し，債務不履行による損害賠償を求めた事案である。
結　論	ユーザの請求を棄却。
取り上げる争点	ベンダによる開発中止が債務不履行にあたるか
判　旨	否定 　本件システム開発についての請負契約である原契約の内容は，原契約締結の時点では，本件システムの内容も，その対価たるべき代金額も，概要，概算が合意されたにすぎなかったものであり，原契約締結後，概算予算を維持しつつ，その範囲内で制作し得るシステムの内容について，ユーザの担当者とベンダとの間において，順次，具体的内容が確定されていき，これに沿って制作が行われ，逐次納品の方法により納品がされ，一旦全体の納品が済んだ段階で，代金が完済され，後は，バグの修正を残すのみとなっていたものである。しかし，その後，ユーザの担当者がユーザを退職してしまい，従前の契約内容の確定経過を知らない従業員が，前任者からほとんど引継ぎを受けないまま，本件システムのあるべき姿を自ら独自に検討して，すでに確定され，履行された原契約に基づく従前の注文内容を超えた，あるいは従前の注文内容と異なる別個の内容の注文，要請を繰り返すに至った。ベンダは，当該従業員の前記注文，要請に応えようとして，システムに追加，変更を加えていったのであり，これをもって，原契約上の債務の不履行ということはできない。

〈14〉　再掲　東京地判平23・4・27ウエストロー2011WLJPCA04278027

事　案	本訴請求は，下請ベンダ（原告）が，元請ベンダ（被告）との間で，コンピュータソフトウェアの開発を，下請けする旨の請負契約を締結したが，上記の下請ベンダと元請ベンダの間の請負契約には，元請ベンダにより契約が解約された場合には，下請ベンダが元請ベンダに対し，出来高代金の支払を求めることができる旨の規定があるところ，元請ベンダが同請負契約を解約したなどと主張して，下請ベンダが途中

	まで作成したソフトウェアの出来高代金等の支払を求める事案である。 　反訴請求は，元請ベンダが，下請ベンダに対し，下請ベンダが，作業途中で開発を中止して同請負契約に基づく債務の履行を拒絶しており，これが債務不履行にあたるとして，元請ベンダが，下請ベンダが中途まで開発したソフトウェアを下請ベンダに代わって完成させ，ユーザに対してこれを納入するために要した費用相当額の損害賠償の支払を求める事案である。
結　　論	下請ベンダの本訴請求を一部認容，元請ベンダの反訴請求を棄却。
取り上げる 争点	下請ベンダによる開発中止が債務不履行にあたるか
判　　旨	否定 　下請ベンダが平成20年5月までに実施した開発作業の工数の実績値は，本件下請契約締結時の見積りの約6.4倍に相当する作業量であり，1人月当たりの単価を70万円とした場合，代金額にして1億9509万円に上るものである。以上のように，本件下請契約に基づくプロセス2の開発作業が進むにつれて，機能数が増加するなど開発内容が変動し，これにより開発に要する作業量が著しく増大したことによって，平成20年1月31日の時点で予定された開発作業は，本件下請契約が締結された時点で下請ベンダと元請ベンダが前提としていた開発作業とは，その内容において著しく異なることとなり，これに伴って，必要作業量も著しく増大したものであって，本件下請契約は，同日においては，その前提が契約締結当初とは根本的に異なるものとなってしまったということができる。これに照らせば，下請ベンダの主席技師が元請ベンダの従業員に対し，ユーザからプロジェクトを全面的にストップする指示を受けた旨の連絡をした平成20年4月1日の時点においては，下請ベンダが，本件下請契約に基づき，本件下請契約に定められた代金額のみの支払を受けることを前提として，同年1月31日時点で予定されていた内容のプロセス2の開発作業を継続し，完成する義務を負っていたと解することはできない。したがって，下請ベンダが，プロセス2の開発作業を中止したことは，本件下請契約についての債務不履行を構成しないというべきである。

　ベンダとしては，ユーザが顧客であることに加えて，請負契約によって完成義務を負っていること，代金の支払を人質にとられていることから，多少のユーザのわがままには付き合わざるを得ないことが多いため，上記のようなケースがしばしば発生する。従前の経緯やベンダの要請内容等により，当初の

契約の範囲内で対応してもらおうとするユーザの態度が不当と評価されるか否かはケースバイケースであるが，ユーザとしては，不当な条件に固執してベンダに「ないものねだり」を行っていないかを常に自戒し，客観的な評価に努めることが求められている。また，ベンダ側も，際限のないユーザの要求にずるずると従い続けるリスクには敏感であるべきである。

3　請負契約における「契約不適合（瑕疵）」の存在

(1)　契約不適合（瑕疵）の有無の判断

　契約不適合責任（瑕疵担保責任）の要件は，仕事の目的物に契約不適合（瑕疵）があることである。その法的効果は，修補請求（民法559条・562条１項（旧民法634条１項）），代金減額請求権（民法559条・563条），損害賠償請求（同法559条・564条・415条（旧民法634条２項）），解除（同法559条・564条・541条等（旧民法635条））である。

　また，注文者が請負人に対して瑕疵修補に代わる損害賠償を求めたが，契約当事者のいずれからも損害賠償債権と報酬債権とを相殺する旨の意思表示が行われなかった場合には，両債権は同時履行の関係に立つ（旧民法634条２項）。したがって，この場合，契約当事者の一方は，相手方から債務の履行を受けるまでは，自己の債務の履行を拒むことができ，履行遅滞による責任も負わない。もっとも，瑕疵の程度や各契約当事者の交渉態度等にかんがみ，瑕疵の修補に代わる損害賠償債権をもって報酬残債権全額の支払を拒むことが信義則に反すると認められるときは，報酬残債権全額の支払を拒むことはできず，当該報酬の支払をしなければ履行遅滞責任を負うことになる（最判平９・２・14民集51巻２号337頁）。そして，改正法に旧民法634条２項の従前の解釈を積極的に変更する意図が含まれていないのだとすると，これらは，契約不適合にも同様に当てはまると考えられる。

　民法上，文字どおり，契約で定めた仕様どおりとなっていない場合に，「契約不適合（瑕疵）」があるものと解される[13]。これは，民法における「瑕疵」の

13　我妻榮『債権各論中巻（二）』（岩波書店，1962年）631頁参照。

判断基準からも変更はないと考えられる。

　旧民法下における事例判決であるが，最判平15・10・10判時1840号18頁では，建築請負契約において，構造計算上，居住用建物としての建物の安全性に問題はなかったとしても，当事者間で，建物の耐震性を高め，耐震性の面でより安全性の高い建物にするため，主柱につき断面の寸法300mm×300mmの鉄骨を使用することが特に約定され，これが契約の重要な内容になっていたにもかかわらず，この約定に違反して250mm×250mmの鉄骨を使用して施工された主柱の工事には，「瑕疵」があるものと判断しており，当事者間で明示的に定められた仕様がある場合には，その仕様を満たしていないことが「瑕疵」の判断基準とされていると理解できる。

　もっとも，仕様に明確な定めがなかったからといって，契約不適合（瑕疵）の存在が常に否定されるわけではない。たとえば，同種のシステムでは通常必ず入っているような機能を欠いていたり，一般のコンピュータシステムの対応速度に比べて著しく低い性能しか有していない場合には，通常有すべき性質を欠くものとして契約不適合（瑕疵）の存在が認められるケースもあろう。契約上，黙示的にそのような仕様が定められていたと解すれば，上記の契約不適合（瑕疵）の判断基準とも整合的である。

　「契約不適合（瑕疵）」の有無の判断にあたっては，契約書（添付資料を含む）の記載，および要件定義書，基本設計書，詳細設計書等の開発ドキュメントの記載が最重要の証拠となる。また，これらのドキュメントに加えて，企画書，提案依頼書（RFP），提案書などから読み取れる当該システムに期待された機能・性能の水準なども，判断の重要な要素になることがある。課題管理表に記載された契約不適合（瑕疵），仕様変更といった区分も証拠となり得るが，両者の合意を反映したものでなく，作成者（多くはベンダ側）の事後的・主観的な評価による区分である場合には，証拠としての価値は必ずしも高くない。

(2)　バグとの関係

　現在の技術水準を前提とする限り，全くバグが存在しないシステムを開発することはほぼ不可能であり，テスト段階でバグを検出し，修正しながら完全なものに「近づけていく」という工程をたどることが通常である。したがって，

その開発途中の段階で発生・検出されているバグは，通常，契約不適合（瑕疵）
ではない。たとえば，前記裁判例〈32〉東京地判平14・4・22判タ1127号161
頁でも，開発途中段階の不具合は，システムの「瑕疵」にはあたらないとされ
ている。

　また，以下の裁判例〈40〉では，システムの納品および検収後（稼働開始後）
についても，ユーザから不具合が発生したとの指摘を受けた後，ベンダが遅滞
なく不具合（バグ）の補修を終えるか，注文者と協議したうえで相当な代替措
置を講じたと認められるときは，かかる不具合（バグ）は，システムの瑕疵に
はあたらないとしている。そこで，ベンダとしては，上記の基準に依拠して契
約不適合（瑕疵）の存在を争うことが想定される。

〈40〉東京地判平9・2・18判タ964号172頁

事　案	本件は，以下の第1事件と第2事件が併合されたものである。 　ユーザ（第1事件原告，第2事件被告）は，コンピュータによる営業管理システムを導入するため，元請ベンダ（第1事件被告）との間でソフト開発委託契約を締結し，元請ベンダはその開発を下請ベンダ（第1事件補助参加人，第2事件原告）に再委託した。 　第1事件は，ユーザが，納入後も営業管理システムが正常に稼働しなかったことから，コンピュータプログラムに瑕疵があったことがその原因であるとして，元請ベンダに対し，債務不履行等を理由に損害賠償を請求した事案である。 　第2事件は，下請ベンダがユーザを相手方として契約の残代金の支払を請求した事案である。
結　論	ユーザの第1事件の請求を棄却，下請ベンダの第2事件の請求を認容。
取り上げる 争点	バグが瑕疵にあたるかの判断基準
判　旨	以下の判断基準を示した 　コンピュータソフトのプログラムにはバグが存在することがあり得るものであるから，コンピュータシステムの構築後検収を終え，本稼働態勢となった後に，プログラムにいわゆるバグがあることが発見された場合においても，プログラム納入者が不具合発生の指摘を受けた後，遅滞なく補修を終え，またはユーザと協議の上相当と認める代替措置を講じたときは，右バグの存在をもってプログラムの欠陥（瑕疵）

> と評価することはできないものというべきである。これに対して，バグといえども，システムの機能に軽微とはいえない支障を生じさせるうえ，遅滞なく補修することができないものであり，またはその数が著しく多く，しかも順次発現してシステムの稼働に支障が生じるような場合には，プログラムに欠陥（瑕疵）があるものといわなければならない。

　現に遅滞なく補修を終えているか，ユーザと協議したうえで相当な代替措置が講じられていれば，現時点においては契約不適合（瑕疵）はなくなっており，修補請求ができないというのは当然である。しかし，もし，仮に，ここで，遅滞なく補修できる不具合（バグ）であれば，そもそも，契約不適合（瑕疵）にはあたらないと解しているとすれば，ベンダが任意に修補に応じなかった場合には，ユーザには，当該不具合（バグ）について，修補請求権がないということになり不合理である。

　また，不具合（バグ）が契約不適合（瑕疵）自体にあたらないとしてしまうと，遅滞なく補修された不具合（バグ）により，補修されるまでの間に損害が生じていても，ユーザは，損害賠償請求も一切できないことになってしまう。民法564条（旧民法634条2項）では，修補請求とともに損害賠償請求もできることを明文化しており，現に不具合（バグ）が補修されているからといって，契約不適合（瑕疵）にあたらないとしてしまうのは不合理である。

　他方で，不具合（バグ）が現に遅滞なく補修を終えているか，ユーザと協議したうえで相当な代替措置が講じられている，あるいは，容易に補修可能なものであれば，（仮に，契約不適合（瑕疵）と認められたとしても）重大な契約不適合（瑕疵）にはあたらないものとして，解除の可否の判断にあたっては重視されるべき事情である。契約不適合責任（瑕疵担保責任）に基づく解除については，後述する（後記**第4節**[2]参照）。

(3)　注文者の指図

　契約不適合責任（瑕疵担保責任）は，債務不履行と違って無過失責任であり，ベンダの帰責事由は要件とされていない。もっとも，契約上，ベンダの契約不適合責任（瑕疵担保責任）を限定的にするべく，ベンダに帰責事由がある場合やユーザに帰責事由がない場合に限って責任を認める旨の規定とされている例

があり，その場合は帰責事由も争点となる。

　また，民法636条（旧民法636条）は，仕事の目的物の契約不適合（瑕疵）が注文者の供した材料の性質または注文者の与えた指図によって生じたときは，契約不適合責任（瑕疵担保責任）を追及することはできない（ただし，請負人がその材料または指図が不適当であることを知りながら告げなかったときは，この限りでない）とされている。そこで，仮にベンダの帰責事由が問題とならない場合でも，契約不適合（瑕疵）が生じたのが注文主たるユーザの「指図による」ものなのかという問題は生じ得る。

　まず，一般論として，機械の設計，製作の請負契約の事例において，単に注文者の要望を受け入れて一定の機械を設計し製作したというだけでは，注文者の与えた指図によるものとはいえないとされている（大判昭10・5・31大審院判決全集1輯20号22頁）。

　特に，システム開発契約においては，後述するベンダのプロジェクトマネジメント義務の一内容として，ベンダは，ユーザの仕様に関する要望を受け入れると問題が起こるというのであれば，ユーザにその旨助言しなければならないと解されることが多い。したがって，ベンダが，契約不適合（瑕疵）の原因はユーザの要望にあると主張するだけでは，「注文者の与えた指図によって生じた」ものとして契約不適合責任（瑕疵担保責任）を免れられないケースが多いであろう。

　前記裁判例〈32〉東京地判平14・4・22判タ1127号161頁でも，ベンダが負うべき役割を認定したうえで，ユーザの要望事項が肥大化したことをもってただちに瑕疵の原因はユーザにあるとすることはできないと認定されている。

　また，以下の裁判例〈41〉では，ユーザからベンダに対する旧民法上の瑕疵担保責任に基づく損害賠償請求についての過失相殺が民法636条の法意に照らして認められ，その控訴審である東京高判令2・2・26ウエストロー2020WLJPCA02266014でも維持された。改正後の民法上は，損害賠償請求については，債務不履行の損害賠償請求権に一元化されるため，これは当然の帰結となる。

〈41〉横浜地川崎支判平31・4・23ウエストロー2019WLJPCA04236012

事　案	本件は，ベンダ（原告）が，ユーザ（被告）に対して，システムの開発にかかる契約に基づく報酬および売買代金の支払を求めたのに対して，ユーザがベンダが開発したシステムには重大な瑕疵があるとして，主位的に契約の解除を主張し，予備的に瑕疵担保責任に基づく損害賠償請求権との相殺等を主張した事案である。
結　論	ベンダの請求を一部認容。
取り上げる争点	瑕疵担保責任に基づく損害賠償請求権に係る過失相殺の可否
判　旨	システムの瑕疵を認定した上で，民法636条の法意に照らして肯定 　認定事実を前提に検討すると，請負人が瑕疵担保責任を負う場合において注文者に過失があったときには，民法636条の法意に照らし，民法418条の過失相殺の規定を類推適用することは公平の見地から認められるものというべきであるところ，宅配システム（Web）の開発スケジュールはもともとかなり過密なスケジュールであり，本番環境での動作検証を行う時間的余裕がないような状態であったこと，ユーザは，ベンダに対して，平成25年7月1日からサービスを開始するために，一般的な開発の流れを排除するよう求めているところであり，このような無理なスケジュールでの契約を求めた責任の一端はユーザにあるといわざるを得ない。また，それにもかかわらず，ユーザが依頼したユーザ協力会社から入稿されたデータに誤りや修正があるなどした結果，ベンダはユーザ協力会社から入稿されたモックサイトのみを見て作業を進めることができない状態となって，ベンダの担当者がモックサイトとソースの比較のために人員を取られてしまったこと，ユーザ協力会社による入稿データの訂正は，本実施直前の同年6月28日まで行われていたことからすれば，このようなユーザ側の作業の遅れが宅配システム（Web）に瑕疵が生じる原因の一端を担っている面は否定できない。 　また，クライゼル連携をすることは珍しい指図とはいえないが，クライゼル連携をすることにより処理速度が遅くなることは一般的に知られているところであり，このように過密なスケジュールの中では，クライゼル連携をすることで処理速度が遅くなったことについて，すべての責任をベンダに帰責するのも酷であるというべきである。 　もっとも，ベンダは，宅配システム（Web）の開発スケジュールが過密であることを十分に認識しながら契約したこと，ユーザ協力会社からのHTMLソースの納品が最終期限よりも遅れていたというも

> のではないこと，直前まで修正があったことを考慮したとしても，そもそもテストを行わないまま本実施することはこのようなシステム開発契約において通常考え難いことからすれば，瑕疵が生じた主要な責任は請負人であるベンダにあることは明らかである。
>
> 　その他，本件に現れた一切の事情を考慮すると，ユーザの損害賠償請求権を2割5分の割合で過失相殺するのが相当である。

4 帰責事由

　ユーザまたはベンダが相手方に対して債務不履行に基づく請求を行う場合には，相手方の帰責事由が要件になる。

　また，ベンダがユーザに対して報酬請求を行う場面でも，プロジェクトが途中で頓挫しており，ユーザの帰責事由により履行不能となっている場合には，ユーザの帰責事由による危険負担（民法536条2項）となり，報酬請求が認められるが，両者いずれにも帰責事由がない場合には，報酬請求はできない（同条1項）。

　このように，ベンダ・ユーザの帰責事由は，システム開発訴訟における重要な争点である。実態としても，ほとんどのシステム開発訴訟では，この点が必ず争点の1つに含まれていると言ってよいほどである。近時では，ベンダ・ユーザの帰責事由は，ベンダのプロジェクトマネジメント義務・ユーザの協力義務という枠組みのなかで判断されることが多いため，ここでは個別の裁判例は紹介せず，ベンダのプロジェクトマネジメント義務とユーザの協力義務の説明に進むことにする。

5 ベンダのプロジェクトマネジメント義務とユーザの協力義務

(1) 位置付け／契約類型との関係

　近時の裁判例においては，ベンダのプロジェクトマネジメント義務およびユーザの協力義務が争点となる事例が増えている。プロジェクトマネジメント義務の意義は多義的であり，近時の裁判例の蓄積により，その範囲は徐々に広

範になりつつある。いわゆる「説明義務」といったものも，プロジェクトマネジメント義務の一内容とされることがある。

　プロジェクトマネジメント義務が認められる法的根拠は，ベンダとユーザの間にはシステム開発に関する知識，経験の差があり，ベンダがシステムの専門家であることに求められる場合が多い。信義則上の義務とされることもあるが，ユーザがベンダに対して対価として報酬を支払い，システムの開発を委託するという契約の趣旨に当然に内包される義務であるとも考えられる。したがって，ベンダのプロジェクトマネジメント義務は，請負契約であろうと，準委任契約であろうと，その民法上の区分とは関係なく認められる可能性がある。

　ユーザの協力義務は，システム開発プロジェクトの成功には，ユーザの協力が不可欠であることを根拠に認められるものである。特に，システム開発の工程の中では，ベンダよりもむしろユーザが主な役割を担う場面がしばしば生じるため，結果として開発が遅延したり，不具合が発生したりした場合に，ユーザの協力義務違反が原因であるとベンダから主張されることも多い。

　請負契約においては，仕事の完成が認められなければベンダは債務不履行となるはずであり，それに加えてプロジェクトマネジメント義務，説明義務といった（付随的）義務[14]を問題にすることは不要ではないかとも思える。しかし，システム開発訴訟においては外形上仕事が完成していない場合でも，さらにそのような状態を招いたことにつきベンダとユーザのどちらにどれだけの帰責事由があるのかを判断しなければならないことが多く，仕事が完成していないからといって一概にベンダが責任を負うとは限らない。これは，システム開発という作業が，専門業者であるベンダに対する請負という形態で行われるにもかかわらず，なおそこにおいて発注者であるユーザが果たすべき役割が大きいことに由来する。したがって，結果的に頓挫して完成しなかったプロジェクトについて，ベンダにプロジェクトマネジメント義務違反がなかったか，ユーザに協力義務違反がなかったかについて判断する実益があるのである。

14　請負契約においても，プロジェクトマネジメント義務を完成義務の一内容だと捉えることも理論的には可能である。その他，プロジェクトマネジメント義務の法的構成についての諸説は，藤谷護人「『プロジェクトマネジメント義務』判決と法的問題点」情報ネットワーク法学会編『情報ネットワークローレビュー第12巻』（商事法務，2013年）144頁を参照。

　また，プロジェクトマネジメント義務は，仕事の完成が認められる事案でも問題になる可能性がある。たとえば，仕様を決めるにあたってベンダが適切な情報を提供していなかったために，本来あるべき仕様よりも非効率，低機能な仕様になってしまった場合には，開発ドキュメントで定められた仕様どおりにシステムができていても，プロジェクトマネジメント義務違反が認められることがある。

(2)　プロジェクトマネジメント義務の内容

①　初期の裁判例

　初期の裁判例として，前記裁判例〈32〉東京地判平14・4・22判タ1127号161頁では，ベンダは，ユーザの要望事項の増加や仕様の未確定等，プロジェクトの目的達成の阻害要因を認識した場合，「ユーザに対し当該要因を指摘して改善を求めるべき注意義務」を負うとされた。同事例では，システムの本稼働後も不具合が発生したため，ユーザがベンダに対応を求めたが，ユーザの納得する補修をすることができず，システム使用が断念されたという事案で，ベンダのシステム開発の専門家としての責任を重視して，ベンダの残報酬請求権を否定する一方で，ユーザの損害賠償請求を認容している。

　プロジェクトマネジメント義務に関するリーディングケースとされる以下の裁判例〈7〉では，この理がさらに具体化され，ベンダ自身が契約書や提案書において提示した開発手順等に従うとともに，ユーザのシステム開発への関わりについても適切に管理し，ユーザによって開発作業を阻害する行為がされることのないようユーザに働きかける義務が「プロジェクトマネジメント義務」として明示されるに至った。

〈7〉再掲　東京地判平16・3・10判タ1211号129頁

取り上げる争点	プロジェクトマネジメント義務の存否・内容
判　旨	以下の内容のプロジェクトマネジメント義務を認定 　ベンダは，納入期限までに本件電算システムを完成させるように，本件電算システム開発契約の契約書および本件電算システム提案書において提示した開発手順や開発手法，作業工程等に従って開発作業を

進めるとともに，常に進捗状況を管理し，開発作業を阻害する要因の発見に努め，これに適切に対処すべき義務を負うものと解すべきである。そして，システム開発は注文者と打合せを重ねて，その意向を踏まえながら行うものであるから，ベンダは，注文者であるユーザのシステム開発へのかかわりについても，適切に管理し，システム開発について専門的知識を有しないユーザによって開発作業を阻害する行為がされることのないようユーザに働きかける義務（プロジェクトマネジメント義務）を負っていたというべきである。ユーザのシステム開発へのかかわりについての管理に関して，より具体的に説明すれば，ベンダは，ユーザにおける意思決定が必要な事項や，ユーザにおいて解決すべき必要のある懸案事項等について，具体的に課題および期限を示し，決定等が行われない場合に生ずる支障，複数の選択肢から一つを選択すべき場合には，それらの利害得失等を示したうえで，必要な時期までにユーザがこれを決定ないし解決することができるように導くべき義務を負い，また，ユーザがシステム機能の追加や変更の要求等をした場合で，当該要求が委託料や納入期限，他の機能の内容等に影響を及ぼすものであった場合等に，ユーザに対し適時その旨説明して，要求の撤回や追加の委託料の負担，納入期限の延期等を求めるなどすべき義務を負っていたということができる。

また，以下の裁判例〈42〉においては，ユーザ提出の資料の意味内容をユーザに確認する義務や，ユーザに対する説明義務が指摘された。

〈42〉東京地判平16・12・22判時1905号94頁

事　案	ユーザ（原告）が，ベンダ（被告）に対し，コンピュータによる販売管理システムの開発を依頼したが，ユーザが受領した同システムには種々の瑕疵があり，契約を解除したことに基づく損害賠償として，または，仮に解除が認められないとしても修補完了までの履行遅滞に基づく損害賠償等の支払を請求した事案である。
結　論	一部認容。
取り上げる争点	プロジェクトマネジメント義務の存否・内容
判　旨	以下の内容のプロジェクトマネジメント義務を認定 　ユーザ担当者は，昼休みに作業を行うと説明したことは認めるものの，その処理時間を30分とするとのベンダの提示については拒絶したとして，昼休み時間中に作業が終了すれば良いとの内容の合意をしたことは明確に否定しているし，コンピュータ処理を導入する以上は大

幅な時間短縮を期待するのが通常であり，従来の手作業と時間的に変わらないようなシステムをわざわざ数千万円もの多額の費用を投じて開発するとはおよそ考え難い。また，受注残データについても，ユーザ担当者によれば，1日の受注件数が250件でも，その約4分の1程度は在庫がなく，残っていくので，平均すると大体1000件程度の受注残データがあるというのであり，証拠には，確かに受注残データとして，1日の最大受注件数250件との記載があるが，それのみならず1カ月の受注件数も記載してあり，同記載から一度に処理を要する受注残データが250件であるとただちには断定できないし，ベンダとしては，当然にその意味するところをユーザに確認するなどして，仕様を確定していく責任があるというべきである。そうすると，ベンダが，昼休みに行うとの説明や上記主張の記載から，ベンダ主張のような内容で良いと即断したとすれば，軽率であるとのそしりを免れず，前記のような事実のみではベンダ主張の内容の合意が成立していたと認めることはできず，他にこれを認めるに足りる証拠はない。

　本件システムにおいては，せいぜい数分で処理できるシステムの開発が可能であったところ，ベンダ側はシステム開発の専門家であるから，本来，どの程度の処理時間が可能なのかを，費用との関係等もふまえて，ユーザに十分説明して協議したうえで，処理時間について合意すべきであるが，本件では，証拠によっても，ベンダ側からユーザに対し，処理時間の可能性等に関して何らかの説明をした形跡はない。ユーザから従前昼休み時間に処理していたとの説明があったとしても，そこから同様の時間で処理すれば足りるなどと考えたとすれば，およそ専門家としての説明義務を果たしていないと言わざるを得ず，仮にユーザ担当者が30分の処理時間で納得したとしても，それ以上に短時間で処理が可能であることを知らされない状況においては，これをもって当事者間に処理時間について合意が成立したと見ることは相当でない。

　他にも，前記裁判例〈24〉東京地判平19・10・31ウエストロー2007WLJPCA10318005では契約締結前の信義則に基づく義務としてシステムが運用開始予定日までに運用開始できるように，システムの要件定義作業を速やかに進めるなどして「請負契約の締結に向けた準備作業を誠実に行うべき義務」や予定された納期を守るためにユーザ側との打ち合わせ頻度を増やしたり，作業効率を向上させるための具体的方策を講じることがベンダに要求された。

②　近時の裁判例

近時の裁判例でも，プロジェクトマネジメント義務がしばしば争点となる。以下の裁判例〈43〉では，段階ごとにベンダが負う義務が認定された。

〈43〉東京高判平25・9・26金判1428号16頁[15]

事　案	本訴事件は，銀行であるユーザ（被控訴人，１審原告）が，ベンダ（控訴人，１審被告）に対し，ユーザの銀行業務全般を処理する「新経営システム」の開発が中止となったことにつき，請負契約の債務不履行または不法行為に基づく損害賠償を求めた事案である。 　反訴事件は，ベンダが，ユーザに対し，未払の個別契約委託料の支払等を求めた事案である。
結　論	原判決一部変更（ユーザの本訴請求について原判決が認めた金額を減額して一部認容し，ベンダの反訴請求を棄却）。
取り上げる 争点	プロジェクトマネジメント義務の存否・内容
判　旨	以下の内容のプロジェクトマネジメント義務を認定 　(i)契約締結前の企画段階においては，ベンダとしては，自ら提案するシステムの機能，ユーザのニーズに対する充足度，システムの開発手法，受注後の開発体制等を検討・検証し，そこから想定されるリスクについて，ユーザに説明する義務がある。 　もっとも，ベンダは，システム開発技術等に精通しているとしても，システム開発の対象となるユーザの業務内容等に必ずしも精通しているものではない。受注が確定していない段階における事前検証等の方法，程度等は自ずと限られ，ユーザ側の担当者等から得られる情報や協力にも限界があることは明らかである。そのため，プロジェクトが開始され，その後の進行過程で生じてくる事情，要因等について，企画・提案段階において漏れなく予測することはもとより困難であり，この段階における検証，説明等に関する義務も，このような状況における予測可能性を前提とするものであるというべきである。その意味では，ベンダとユーザの間で，システム完成に向けた開発協力体制が構築される以前の企画・提案段階においては，システム開発技術等とシステム開発対象の業務内容等について，情報の非対称性，能力の非対称性が双方に存するものといえ，ベンダにシステム開発技術等に関

15　最決平27・7・8ウエストロー2015WLJPCA07086002により確定。

する説明責任が存するとともに，ユーザにもシステム開発の対象とされる業務の分析とベンダの説明を踏まえ，システム開発について自らリスク分析をすることが求められるものというべきである。そして，このようなことからすると，企画・提案段階におけるシステム開発構想等は，プロジェクト遂行過程において得られるであろう情報，その過程で直面するであろう事態等に応じて，一定の修正等があることを当然に想定するものといえ，企画・提案段階の計画どおりシステム開発が進行しないこと等をもって，ただちに企画・提案段階におけるベンダのプロジェクトマネジメントに関する義務違反があったということはできない。

　(ii)契約締結後の段階では，本件システム開発を担うベンダとして，ユーザに対し，システム開発過程において，適宜得られた情報を集約・分析して，ベンダとして通常求められる専門的知見を用いてシステム構築を進め，ユーザに必要な説明を行い，その了解を得ながら，適宜必要とされる修正，調整等を行いつつ，本件システム完成に向けた作業を行うこと（プロジェクトマネジメント）を適切に行うべき義務を負う。

　また，当該プロジェクトマネジメント義務の内容は契約文言等から一義的に定まるものではなく，システム開発の遂行過程における状況に応じて変化しつつ定まるものであり，システム開発は必ずしも当初の想定どおり進むとは限らず，当初の想定とは異なる要因が生じる等の状況の変化が明らかとなり，想定していた開発費用，開発スコープ，開発期間等について相当程度の修正を要すること，さらにはその修正内容がユーザの開発目的等に照らして許容限度を超える事態が生じることもあるから，ベンダとしては，そのような局面に応じて，ユーザのシステム開発に伴うメリット，リスク等を考慮し，適時適切に，開発状況の分析，開発計画の変更の要否とその内容，さらには開発計画の中止の要否とその影響等についても説明することが求められ，そのような説明義務を負う。

　また，以下の裁判例〈44〉においても，ベンダのプロジェクトマネジメント義務が認められ，プロジェクトマネジメント義務違反により，履行遅滞について，ベンダの帰責事由が認められている。

〈44〉東京地判平25・11・12判タ1406号334頁

事　案	ユーザ（被告）から，システムの設計・開発業務を受託したベンダ（原告）が，システムを完成させた後，ユーザに代金等の支払を求め，ユーザは，ベンダに対する履行遅滞に基づく損害賠償請求権等を自動債権とした相殺を主張した事案である。
結　論	ベンダの請求を一部認容。
取り上げる争点	プロジェクトマネジメント義務の存否・内容
判　旨	**以下の内容のプロジェクトマネジメント義務を認定** 　ベンダは，本件システムの仕様確定については，ユーザの責任において行うべきものであるところ，ベンダによる本件成果物の納入が遅滞した主たる理由は，ユーザによる仕様確定の遅延や，ユーザから仕様変更を求められたためであると主張する。 　確かに，ユーザは，システムの設計・開発業務の注文者として，本件システムの仕様を最終的に決定する義務を負っていたというべきである。 　もっとも，一方でベンダは，システムの設計・開発業務の受注者として，本件システムの仕様を確定するにあたって，各仕様の項目について注文者から十分にヒアリングを行ったうえ，納期までの開発の段取りを決定して詳細スケジュールを確定し，その進捗状況を管理しながら開発を進める義務を負っていたというべきである。 　このことは，本件基本契約および本件個別契約の締結前にユーザにも明示されていた。すなわち，ベンダがユーザに対し示した提案書中に，フェーズごとの主なベンダの役割として，基本設計につき「成果物の定義，詳細スケジュールの確定」，「データ設計」，「システム方式設計」，「システム外部設計」，詳細設計につき「内部処理詳細設計」と記載し，ユーザの役割としては，「現行から変更できない外部仕様の提示」，「データ設計レビュー」，「設計の支援（業務的な仕様調整）」と記載している。そして，本件個別契約においては，開発の途中で仕様の変更追加の申出がされることも前提とされていたのであり，ユーザから仕様の変更追加の申出があった際に，それによってスケジュールに遅延をもたらす場合にはその旨説明するなどしてユーザと協議し，その都度納期を見直すなどしたうえで，最終的に決められた納期に間に合うように仕様を確定させていく義務がベンダにあったというべきである。 　しかしながら，本件においては，納期が到来するまでの間，ベンダ

において，ユーザに対し，仕様の変更追加を行った場合にスケジュールに遅延をもたらす可能性について指摘したうえで納期の見直しを要望し，あるいは各仕様の項目にこれ以上の変更追加がないかを積極的に確認していた事実などは認められない。

そうすると，仮にユーザによる仕様確定の遅延ないし仕様変更の申出があったとしても，ベンダにおいて納期に遅れることがないように本件システムの開発を進める義務を十分に果たしていたとはいえない以上，履行遅滞についての帰責性がベンダにないということはできない。

さらに，以下に再掲する〈33〉，〈20〉の裁判例においても，プロジェクトマネジメント義務が認められている。

〈33〉再掲　東京高判平26・1・15D1-Law28220149

取り上げる争点	プロジェクトマネジメント義務の存否・内容
判　旨	以下の内容のプロジェクトマネジメント義務を認定 　ユーザがシステム開発等についての専門的知見を備えているとは認められない顧客であるのに対し，ベンダは，システム開発等の専門的知見や経験を備えた専門業者であって，ユーザのデータ移行作業の不適切さが，本件新基幹システムにおける不具合・障害の発生の可能性を増加させ，そのためにその検収終了時期を大幅に遅延させ，本件ソフトウェア開発個別契約の目的を達成できなくなる場合においては，本件プロジェクトの業務委託基本契約に基づく善管注意義務および本件ソフトウェア開発個別契約における付随的義務として，その専門的知見，経験に照らし，これを予見したうえ，このような事態を回避するために，ユーザに告知し，ユーザのデータ移行作業に特段の対応が必要であるというのであれば，その旨の指摘・指導をすべき義務を負う。

〈20〉再掲　東京地判平28・4・28判時2313号29頁

取り上げる争点	プロジェクトマネジメント義務の存否・内容
判　旨	以下の内容のプロジェクトマネジメント義務を認定 　ベンダは，自らが有する専門的知識と経験に基づき，本件システム開発に係る契約の付随義務として，本件システム開発に向けて有機的に組成された各個別契約書や本件提案書において自らが提示した開発

手順や開発手法，作業工程等に従って自らなすべき作業を進めるとともに，それにとどまらず，本件プロジェクトのような，パッケージソフトを使用した ERP システム構築プロジェクトを遂行しそれを成功させる過程においてあり得る隘路やその突破方法に関する情報およびノウハウを有すべき者として，常に本件プロジェクト全体の進捗状況を把握し，開発作業を阻害する要因の発見に努め，これに適切に対処すべき義務を負う。そして，システム開発はベンダとユーザとが協働して打合せを重ねユーザの意向を踏まえながら進めるべきものであるから，ベンダは，ユーザの本件システム開発へのかかわりなどについても，適切に配意し，パッケージソフトを使用した ERP システム構築プロジェクトについては初めての経験であって専門的知識を有しないユーザにおいて開発作業を阻害する要因が発生していることが窺われる場合には，そのような事態が本格化しないように予防し，本格化してしまった場合にはその対応策を積極的に提示する義務を負っていた。具体的には，ベンダは，ユーザにおける意思決定が必要な事項や解決すべき必要がある懸案事項等の発生の徴候が認められた場合には，それが本格的なものとなる前に，その予防や回避について具体的にユーザに対して注意喚起をすべきであるし，懸案事項等が発生した場合は，それに対する具体的な対応策およびその実行期限を示し，対応がされない場合に生ずる支障，複数の選択肢から一つを選択すべき場合には，対応策の容易性などそれらの利害得失等を示したうえで，必要な時期までにユーザにおいて対応することができるように導き，また，ユーザがシステム機能の追加や変更の要求等をした場合，当該要求が委託料や納入期限，他の機能の内容等に影響を及ぼすときにはユーザに対して適時にその利害得失等を具体的に説明し，要求の撤回，追加の委託料の負担や納入期限の延期等をも含め適切な判断をすることができるように配慮すべき義務を負う。

　以上のように，ベンダのプロジェクトマネジメント義務は重い。ベンダとしては，契約締結前の提案段階からユーザの要望の実現可能性や実現するのに莫大な費用がかかる点についても説明をしておくことが必要となる。また，プロジェクトの途中の段階で，プロジェクト頓挫につながるような要因について気づいた場合には，先送りにせず，早め早めにユーザに情報提供を十分に行い，選択肢を示して，判断を求めることが重要である。前段階に問題があったのに，後の段階までその点が顕在化しなかったときは，損害額が積み重なってしまうことが想定され，影響が甚大であるから，リスクがあるのであれば早めに説明

して対応を講じることが必要である。

　なお，前記裁判例〈43〉東京高判平25・9・26金判1428号16頁や〈20〉東京地判平28・4・28判時2313号29頁は，いずれも，パッケージソフト（特定の業務で使うことができるように一定の機能を備えている既成のソフト）を利用した開発プロジェクトについて，ベンダのプロジェクトマネジメント義務が問われた事案である。

　近時では，すべてのシステムをスクラッチで（パッケージソフトを利用せず，ゼロから個別に）開発するとコストや期間が膨大になるので，パッケージソフトを利用してより短期間・安価な対価で開発する事例が増えている。

　もっとも，パッケージソフトの利用にあたっては，パッケージソフトをカスタマイズして，ユーザ側の業務に合わせるのか，ユーザ側の業務をパッケージソフトの標準機能に合わせて変更して対応する（業務改革により対応する）のかについて個別の要望ごとに細かく決めておく必要がある。

　この点の詰めが甘く，ユーザとベンダの定義に齟齬があると後々大きなトラブルになることが多い。特に，ベンダによる費用の提案がカスタマイズ最小化を前提としたものであり，標準機能についての説明が不十分で，ユーザとしては，ほとんどカスタマイズなしに，今までと実質的に同じような業務が十分できるものと考えていたような場合には，後で大問題となる。

　ベンダとしては，前記の点についてユーザに理解の齟齬がないように説明を尽くしておく必要があるし，ユーザとしても，後のトラブルを避けるため，自らの業務要件のうち特に重要なもので，変えられないものについては明確に説明し，要件定義書にも明記したうえで，契約金額にもその機能を追加開発するための費用を含めてもらうべきである。

(3)　ユーザの協力義務

　システム開発プロジェクトにおけるユーザの協力義務は，かなり以前から裁判例において言及されており，近年では普通に認められている。

　ユーザの協力義務の主な内容は，ベンダに対する情報提供と，要求事項の取捨選択に関する自らの意思決定（経営判断）を適時・適切に行うことにあるといえる。ユーザの現行システムの内容，業務の進め方や，その他の特有の事情

については，ユーザから情報を出さなければベンダとしては知ることができないものであるため，ユーザからベンダに適時に説明されるべきであるし，どこまで費用をかけて追加開発をするのかについても，その最終的な方針決定はユーザが行うべきものである。

　たとえば，ユーザの協力義務を認定した裁判例として，以下の裁判例〈7〉がある。

　〈7〉再掲　東京地判平16・3・10判タ1211号129頁

取り上げる争点	ユーザの協力義務の存否・内容
判　旨	**以下の内容の協力義務を認定** 　本件電算システム開発契約は，本件電算システム開発という仕事の完成を目的とする請負契約であるというべきである。しかしながら，本件電算システム開発契約は，いわゆるオーダーメイドのシステム開発契約であるところ，このようなオーダーメイドのシステム開発契約では，ベンダのみではシステムを完成させることはできないのであって，ユーザが開発過程において，内部の意見調整を的確に行って見解を統一したうえ，どのような機能を要望するのかを明確にベンダに伝え，ベンダとともに，要望する機能について検討して，最終的に機能を決定し，さらに，画面や帳票を決定し，成果物の検収をするなどの役割を分担することが必要である。このような役割をユーザが分担していたことにかんがみれば，本件電算システムの開発は，ユーザとベンダの共同作業というべき側面を有する。 　そして，本件電算システム開発契約の契約書は，4条1項において，ベンダは，ユーザに対し，委託業務の遂行に必要な資料，情報，機器等の提供を申し入れることができる。資料等の提供の時期，方法等については，ユーザとベンダが協議して定める旨定め，5条において，「ユーザの協力義務」として，ベンダは，4条に定めるほか，委託業務の遂行にユーザの協力が必要な場合，ユーザに対し協力を求めることができる。この協力の時期，方法等については，ユーザとベンダが協議して定める旨定めており，ユーザが協力義務を負う旨を明記している。したがって，ユーザは，本件電算システムの開発過程において，資料等の提供その他本件電算システム開発のために必要な協力をベンダから求められた場合，これに応じて必要な協力を行うべき契約上の義務（協力義務）を負っていたというべきである。

　前記裁判例〈34〉では，ユーザの義務であったマスタの抽出をユーザが怠っ
たことや，ベンダに対する情報の提供が不十分であったことを理由に，ユーザ
の協力義務違反を認定し，ベンダのプロジェクトマネジメント義務違反を否定
した。

〈34〉再掲　札幌高判平29・8・31判時2362号24頁

取り上げる争点	ユーザの協力義務の存否・内容
判　旨	以下の内容の**協力義務**を認定 　システム開発はベンダの努力のみによってなし得るものではなく，ユーザの協力が必要不可欠であって，ユーザも，ベンダによる本件システム開発に協力すべき義務を負う（ユーザも，一般論として上記のような協力義務を有していることは認めているところである。）。そして，この協力義務は，本件契約上ユーザの責任とされていたもの（マスタの抽出作業など）を円滑に行うというような作為義務はもちろん，本件契約および本件仕様凍結合意に反して大量の追加開発要望を出し，ベンダにその対応を強いることによって本件システム開発を妨害しないというような不作為義務も含まれているものというべきである。 　しかるに，前記のとおり，ユーザが本件契約および本件仕様凍結合意に反して大量の追加開発要望を出し，ベンダがこれに対応せざるを得なかったことから，本件システム開発が遅延した。また，前記のとおり，ユーザがマスタの抽出義務を負っていたにもかかわらず，これを懈怠し，ユーザの協力が得られないままベンダが代行せざるを得なくなったことも，本件プロジェクトが遅延した理由の一つになっている。 　さらに，ユーザは，ユーザの追加開発要望に基づいて現行システムの備える機能を最大限取り込むことを要求しながら，そのために必要な現行システムの情報（基本設計書等）を十分に提供せず，また，ベンダがユーザに代わってマスタの抽出作業を行うに際しても，ユーザ協力会社に必要な協力依頼を行うことを怠った。 　そして，前記のとおり，本件システムは，遅くとも平成22年4月26日までには，ユーザの協力が得られずに保留せざるを得なかった1項目を除き，全て完成していたにも関わらず，ユーザは，独自の見解から本件システムの開発がベンダの責任で遅延したとして，一方的に本件解除をした。 　上記のとおり，ユーザには，本件契約上の協力義務違反（債務不履

行）が認められる。

　　プロジェクトマネジメント義務違反を否定
　ユーザは，ベンダにプロジェクトマネジメント義務違反が認められる旨を主張する。
　しかしながら，ベンダは，平成21年3月4日以降，専門部会等において，繰り返し，ユーザによる追加開発要望の多くは仕様外のものであること，ベンダとしては，これらの追加開発要望に対応するのは難しく，同年9月24日（本件原契約におけるリース開始日）に間に合わなくなることを説明した。そして，ベンダは，同年7月7日，ユーザによる625項目の追加開発要望を受け入れる（本件追加開発合意）一方で，以後は，新たな機能の開発要望はもちろん，画面や帳票，操作性に関わるものも含め，一切の追加開発要望を出さないという合意（本件仕様凍結合意）を取り付けたものである。このように，ベンダは，プロジェクトマネジメント義務の履行として，追加開発要望に応じた場合は納期を守ることができないことを明らかにした上で，追加開発要望の拒否（本件仕様凍結合意）を含めた然るべき対応をしたものと認められる。
　これを越えて，ベンダにおいて，納期を守るためには更なる追加開発要望をしないようユーザを説得したり，ユーザによる不当な追加開発要望を毅然と拒否したりする義務があったということはできず，ベンダにプロジェクトマネジメント義務の違反があったとは認められない。

　以下の裁判例〈45〉では，ユーザの要求ないし対応のため，ベンダの本来行うべき作業が遅滞し，その結果として，基本設計作業を定められた納期に合わせて進めることができなかったとして，ベンダの責任を否定した。

〈45〉東京高判令2・1・16ウエストロー2020WLJPCA01166010

事　案	本訴請求は，ベンダ（被告）との間でシステム開発に係る契約を締結したユーザ（原告）が，ベンダに対し，当該契約の解除に基づく原状回復および債務不履行に基づく損害賠償を求めた事案である。 　反訴請求は，ベンダが，ユーザに対し，旧民法641条または契約に基づく損害賠償および契約範囲外の作業について商法512条等に基づく報酬支払を求めた事案である。 　本訴請求について一部認容し，反訴請求を棄却したのに対して，双方が控訴した。

結　論	本訴請求棄却，反訴請求一部認容。
取り上げる 争点	ユーザの協力義務の存否・内容
判　旨	**以下の内容の協力義務を認定** 　ベンダ業務の納期は原個別契約４および本件変更覚書により平成23年３月24日と定められていたが，ベンダは同日までに基本設計を完了することができなかった。 　そして，現行システムは，TCOM と TNC という２つのシステムからなり，１つの企業グループに属する企業のものとはいえ，別々に形成，運用されてきたものであって，両者は，取り扱うサービスに差異があり，顧客管理，請求・入金管理，決済管理，店舗管理等の面で異なる処理方法が採られており，その画面数，バッチ数等も大きく異なっていたこと，本件システム開発は，度重なる改修がされたことに伴う現行システムの複雑化等による弊害や，システムの分散による弊害が生じていたことを踏まえ，新たなシステムを導入することにより保守運用コストの低減等を図ることにあったこと，そのためには，TCOM と TNC の両システムについて可能な限り共通化，集約化を図り，TCOM または TNC を用いて行う ISP の業務そのものも変更・見直しを行う必要があったこと，本件 RFP においては，想定画面数，バッチおよびテーブル数を完全に同一にするとされており，TCOMと TNC について共通化したシステム開発をする方針であったこと，しかし，そのことについてユーザのシステム情報部門とカスタマ部門とで合意形成をすることができず，ユーザは，共通化仕様について見直しを提案し，ユーザとベンダとの間で，一部画面の個別化は必須であることが確認され，本件変更覚書において要件定義の再整理をすることとし，これに従って作成された新要件定義書1.0においては，コアシステムを構築し，TCOM と TNC の双方について部分的に個別化して対応をすることとされたこと，ベンダが新要件定義書1.0に基づいて進めた開発の成果物については，ユーザのカスタマ部門からは種々の修正の要望が出され，受け入れられず，平成22年10月19日の時点においても，ユーザとベンダとの間でコアシステムをどのようなものとし，TCOM と TNC のうちどの部分をどのように個別化し，どのような画面構成とするかについて合意ができておらず，ベンダとしては，この点について，ユーザから更に具体的な仕様が示されなければ，基本設計工程を進めることができない状態にあったと認められる。

　しかし，ベンダが新要件定義書1.0に基づいて進めた開発の成果物について，ユーザのカスタマ部門から種々の指摘がされたのに対して，ユーザの情報システム部門はこれらの要求を特に整理することはなく，そのため，ベンダはTCOMおよびTNCの現行システムをそのまま維持する形で基本設計を進めるほかなく，ユーザからは，コアシステムをどのようなものとし，TCOMとTNCのうちどの部分をどのように個別化し，どのような画面構成とするかについて，具体的な仕様は示されなかったことが認められる。さらに，これ以外の点についても，新要件定義書1.0においては，ユーザの要求により新たにTNC債権管理機能が要件として記載されたこと，新要件定義書1.0の完成後，ユーザは統計・カスタマツールの機能を汎用管理台帳の形でシステムに組み込むよう要求し，そのため，ベンダは新要件定義書1.0で整理した業務フローを見直す作業をせざるを得なくなり，その結果，作成済みの基本設計書の全ての項目の見直しを行い，基本設計工程が大きく停滞したこと，また，ユーザが示した上記業務フローについては内容が確定していないものがあったため，これを整理して取り込む新要件定義書1.1の作成作業を行ったこと，さらに，ユーザは，コアシステムを第3のシステムとして構築することを求めたため，ベンダは一定の協力をせざるを得ず，作業が混乱したこと，平成22年11月・12月の段階でキャリア提供ADSLサービスの精査作業を行ったところ，それまで提出を受けていた資料が古いものであったことが判明し，ベンダは作成済みの基本設計書についても項目面の見直しをせざるを得なくなったこと，ベンダは，ユーザから，サービス項目精査の作業をすることを求められ，これに対応するため，画面設計が一旦中断したこと，以上の事実が認められる。
　以上の事情によれば，ユーザの要求ないし対応のため，ベンダは，本来行うべき作業が遅滞し，また，基本設計の作業を進めることができず，その結果として，本件システムに係る基本設計の作業を定められた納期に合わせて進めることができなかったというべきであり，ベンダ業務の履行遅滞について，ベンダの責めに帰すべき事由によるものではなかったと認められる。

　さらに，以下の裁判例〈21〉は，ユーザが変更要求を繰り返したことを理由にベンダの責任を否定した。

〈21〉再掲　東京高判令3・4・21ウエストロー2021WLJPCA04216002

争　点	ユーザの協力義務の存否・内容
判　旨	以下の内容の協力義務を認定 　本件システムが改善を要する点を多数抱えていたことは前記認定のとおりであるが，双方にその原因があり，特に下流工程の基本設計フェーズに入った後も，さらには当初はテスト期間と想定されていた平成24年に入ってからも変更要求を繰り返して，工数の著しい増大とパッケージ製造元会社の作業の手戻りと遅れを繰り返し誘発し，パッケージ製造元会社からプログラム製作作業の十分な時間的余裕を奪ったユーザ側に，より大きな原因があることが，明らかである。そうすると，仮に百歩譲って前記の時点で履行不能であると評価することが可能であるとしても，その帰責事由の多くはユーザの側に多々あるのであって，ベンダの帰責事由と評価することは困難であるというほかはない。

　また，以下の裁判例〈46〉は，ユーザの協力義務を認定し，ユーザがベンダに提供した，ユーザしか知り得ない情報が不正確だったことを理由に，ベンダの責任を否定した。

〈46〉東京地八王子支判平15・11・5判時1857号73頁

事　案	ベンダ（被告）に総合情報システムの構築を発注したユーザ（原告）が，ベンダに対し，主位的に，ベンダの納入したシステムには瑕疵があるとして，旧民法635条による請負契約の解除に基づき，請負代金の返還を求め，予備的に，ベンダには，ユーザが使用可能なシステムを納入すべき義務の不履行があるとして，民法541条による請負契約の解除に基づき，請負代金の返還を求め，さらに予備的に，ベンダには，システムの構築にあたってユーザから十分なヒアリングをすべき善管注意義務およびユーザがシステムを本稼働させるまでサポートすべき義務の懈怠があるとして，民法415条に基づき，損害賠償を請求した事案である。
結　論	ユーザの請求を棄却。
取り上げる 争点	ユーザの協力義務の存否・内容
判　旨	以下の内容の協力義務を認定 　ベンダは，コンピュータソフトウェアの開発，販売，コンサルティング等の専門企業であり，システムを構築するについては，顧客であ

るユーザから，その業務の内容等必要な事項を聴取し，その結果に基づいて，ユーザのシステム導入目的に適うシステムを構築すべき義務を本件請負契約に基づき負うものと解されるが，他方，ユーザも，一つの企業体として事業を営み，その事業のためにシステムを導入する以上，自己の業務の内容等ベンダがシステムを構築するについて必要とする事項について，正確な情報をベンダに提供すべき信義則上の義務を負うものと解される。

そして，発注データを変更するのがどの程度の割合であるのか，バイヤーが変更を検討するのにどの程度の時間を要するのかという点は，青果販売業者であるユーザの専門とする領域に属する事項であり，かつ，ユーザのみが知り得る事項であるから，ユーザにおいて，十分にこれらの点を検討し，正確な情報をベンダに提供すべきであったといえる。

これを本件についてみると，システム導入責任者であったユーザ側担当者は，ベンダ側担当者との仕様検討会において，発注データを変更するのは全商品数の1割程度であること，バイヤーが変更を検討する時間自体は20分程度であることを伝え，ベンダ側担当者は，これらの情報を前提として，システム運用フローにおいて，発注修正に要する時間を約1時間程度と見込んだのであるが，運用テストの結果に照らせば，発注データを変更する商品の割合，バイヤーの変更検討時間のいずれの点においても，ユーザの上記情報は不正確であったといわざるを得ない。

したがって，たとえベンダがコンピュータシステムの専門家であるとしても，システムを構築する前提としてのユーザの業務の実態が正確にベンダに伝達されなければ，ベンダにおいて，ユーザの業務に適合するシステムを構築することは困難であるから，本件システムが，発注データを変更するのは全商品数の1割程度であること，バイヤーが変更を検討する時間自体は20分程度であることを前提として構築されたものであることについて，ベンダに責任があるとはいいがたい。

さらに，以下の裁判例〈47〉では，ユーザがベンダに債務不履行等による損害賠償を請求した事案において，ユーザはベンダの義務履行の前提となる自らの協力義務を果たしたとはいえず，またユーザの主張するさまざまな不具合はいずれも認められないかあるいはその発生後遅滞なく対処がされていることなどからベンダに債務不履行は認められないとしてユーザの請求が棄却された。

〈47〉東京地判平18・1・23ウエストロー2006WLJPCA01238001

事　案	本訴請求は，ユーザ（原告）が，ベンダ（被告）との間でコンピュータシステム構築契約を締結したにもかかわらず，ベンダの構築したコンピュータシステムには不具合があり，また，ベンダにおいて，コンピュータシステム構築にあたってリスクを告知すべきであったにもかかわらず，これを怠ったとして，ベンダに対し，同契約上の債務不履行に基づき損害賠償等を請求した事案である。 　反訴請求は，ベンダが，ユーザとの間でコンピュータシステムの保守委託契約等を締結し，委託業務を行ったにもかかわらず，代金を支払わないとして，ユーザに対し，上記契約等に基づき，代金等の支払を求めた事案である。
結　論	ユーザの本訴請求を棄却，ベンダの反訴請求を認容。
取り上げる 争点	ユーザの協力義務違反の存否・内容
判　旨	**以下の内容の協力義務を認定** 　ユーザとベンダは，本件ダウンサイジングに関して，本件契約上，相互に協力すべき関係にあったものと認められるところ，本件ダウンサイジングは，そもそも前例のない大規模なものであり，リスクを伴うものであったにもかかわらず，ユーザは，ベンダに対して，提案依頼書等によって明確に自己の要求内容を提示していなかったばかりか，日常業務のピーク時における通信量等を十分把握しておらず，ベンダにおいて，ユーザの要求仕様を確定させることに困難が伴っていたこと，ユーザは，本件ダウンサイジングの計画当初に，平成6年9月の本番移行を設定し，ベンダからはその後たびたび進ちょく状況についての報告を受け，同年6月の段階で，すでに同年9月の本番移行が難しい旨の報告を受けていたにもかかわらず，結果として，同年8月に至って納期を1カ月ほど延期することとしたのみであること，また，スルーテストや総合テストの方法について確定しておらず，当初予定されていた同年9月の本番移行までにスルーテストや総合テストの予定が組まれていなかったにもかかわらず，ユーザは，新システムについて，総合テストを経ていない段階で，同年10月30日の本番稼働を決定したこと，トラブルの後，ベンダがユーザに対して過負荷テストの必要性を説明したにもかかわらず，ユーザは，これに応じず，平成7年1月29日を切替日と決定したことが認められ，加えて，ユーザは，本件契約において，APソフトのコンバージョンを主体的に行うこととされていたところ，APソフトのコンバージョンについては，

	ベンダの開発作業着手に先立ち，平成6年3月ころから始められていたにもかかわらず，同年6，7月の段階で，すでに遅れが生じており，ベンダ側から適宜支援を受けていたものの，ユーザ側の作業が終了したのは同年9月下旬であったことが認められる。 　そうすると，ユーザは，本件ダウンサイジングを行うにあたり，ベンダに対して，ユーザの要求仕様を確定させるのに必要な情報を明確に提示し，また，総合テストを実施することが可能なスケジュールを組むことを許容するなどの本件契約上ベンダの義務履行の前提となる自らの協力義務を果たしたものとは認め難く，ベンダにおいて，債務不履行の責任を負うべきいわれはないといわざるを得ない。

　また，以下の裁判例〈48〉は，ユーザの協力義務を認定し，ユーザがベンダに協力しなかったことを理由に，ユーザによる契約解除を否定している。

〈48〉東京地判平9・9・24判タ967号168頁

事　案	ベンダ（原告）が，ユーザ（被告）との間の本件システムの売買契約に基づき，売買代金等の支払を求め，ユーザは，ベンダに債務不履行があったものとして，売買契約の解除を主張してこれを争った事案である。
結　論	ベンダの請求を認容。
取り上げる 争点	ユーザの協力義務の存否・内容
判　旨	**以下の内容の協力義務を認定** 　ユーザも一つの企業体として事業を行い，その事業のために本件システムを導入する以上，自らも，積極的にベンダとの打ち合わせに応じ，本件システムへの切り替えにむけてベンダに協力すべき信義則上の義務を負担しているものといえる。 　にもかかわらず，ユーザ代表者のベンダに対する対応（特に，データ登録作業の不実施）は，必ずしも好ましいものとはいえず，このことが，本件システムの本稼働へむけてのスケジュールを遅滞させた一因となっていることは否定できないのであるから，仮に，ユーザが主張するように，本件システムへの切り替えが不可能な事態となっていたとしても，そのことを理由として本件システムについての契約を解除することは認められないものといえる。

　前記裁判例〈36〉では，以下のとおりベンダが自らの役割を十分果たしていないことを理由にユーザの協力義務違反が否定されている。

〈36〉再掲　東京地判平19・12・4 ウエストロー2007WLJPCA12048005

取り上げる争点	ユーザの協力義務違反の有無
判　旨	ユーザの協力義務違反を否定 　ベンダは，ユーザが現状調査・分析のために資料を提供せず，要求機能の取りまとめにも協力しなかったと主張する。 　しかし，ベンダが本件請負契約締結当時，ユーザにおいていかなる資料を有していると考えていたかは不明であるが，それが作業量に大きな影響を及ぼすものであるならば，契約締結前に資料の有無を確認し，作業量を見積もったうえで契約を締結すべきものである。仮に，ベンダにおいてそのような見込みも立てずに契約をしたというのであれば，資料が揃わないことの負担は開発業者であるベンダが負うべきものである。 　ベンダとしては，ユーザから提出されなかった資料についても認識した上で，代替策を示して作業を継続しているし，資料が不足したことによって，作業が遅延するとか費用が増額になるといった申出もしていない。ユーザは，ベンダからの本件システムの現状調査・分析のために必要な資料の提出依頼については，本件システムの開発業者に依頼して取り寄せるなどして，可能な限り提供しており，ユーザが資料の収集，作成に協力していたことは明らかであるし，要件定義書の案に対しても，ユーザは，概ね3日以内にコメントを入れて返信するなど要求機能の取りまとめに積極的に対応していたと認められる。以上のとおり，揃わない資料があったとしても，それは事前の確認を怠ったベンダにおいて甘受すべきものであるし，また，ユーザにおいては資料提供および要求機能の取りまとめについて発注者として協力していたと認められる。

(4) ベンダのプロジェクトマネジメント義務違反およびユーザの協力義務違反の効果

　ベンダのプロジェクトマネジメント義務違反およびユーザの協力義務違反の効果としては，まず，損害賠償があり，そのなかでは，過失相殺が論点となることが多い。また，契約解除や契約上の報酬請求の根拠にもなると解される。以下個別に説明する。

①　損害賠償・過失相殺

プロジェクトマネジメント義務違反によりベンダに損害賠償請求が認められる。この場合において，前述のユーザの協力義務違反もある場合には過失相殺が認められることが多い。

たとえば，前記裁判例〈43〉東京高判平25・9・26金判1428号16頁は，ユーザ側の協力義務違反が認定されずに，過失相殺を認めず，ベンダが100％の損害賠償責任を負うものとされた。

他方，前記裁判例〈7〉東京地判平16・3・10判タ1211号129頁では，結論としては，システムが完成しなかったことは，ベンダとユーザのいずれか一方の責任とはいえないとして，当事者双方の債務不履行責任を否定したが，民法641条の注文者解除が認められ，同条に基づくユーザの損害賠償責任につき，民法418条の類推適用により，6割の過失相殺がされた。

前記裁判例〈33〉東京高判平26・1・15D1-Law28220149においては，ベンダの専門業者としての責任は重いとしつつ，ユーザがベンダに多数の変更要望を行ったことやデータの移行作業に不適切さのあったことも原因であるとして，4割の過失相殺が認められた。同裁判例の原審である東京地判平25・5・28判タ1416号234頁は，ベンダは瑕疵担保責任を負わなければならないとしても，その原因の大部分はユーザ側から生じているというほかなく，過失相殺の法理に基づく大幅な減額が必要であるとして，8割の減額を認めている。

東京地判令2・9・24ウエストロー2020WLJPCA09248012は，ベンダの善管注意義務違反を否定するほどのユーザの協力義務違反は認められないとしつつも，ベンダからシステムの詳細な仕様を確定させる必要がある旨を繰り返し伝えられたにもかかわらず，ユーザがこれを早期に確定させなかったことが，システムの開発が遅延した原因の一つであることは否定できないとして，4割の過失相殺を認めている。

前記裁判例〈20〉東京地判平28・4・28判時2313号29頁は，過失相殺ではなく相当因果関係論によって，委託料の合計の3割相当の金額についてベンダの責任を認めている。

②　契約解除

ベンダのプロジェクトマネジメント義務違反により契約解除が認められるか

が争われる事案がある。

　前記裁判例〈43〉東京高判平25・9・26金判1428号16頁においては，ベンダのプロジェクトマネジメントは，システム開発において，契約目的達成に不可欠の義務となるものであるから，同義務違反による解除は妨げられないというべきであるとされた。このように，プロジェクトマネジメント義務も，契約の本来的義務を構成する場合がある。特に準委任契約だと捉えれば，善管注意義務の一内容だと捉えやすいし，前記のとおり請負契約であったとしても契約の本来的義務だと捉えることはできる。

　他方，前記裁判例〈20〉東京地判平28・4・28判時2313号29頁は，「飽くまで信義則に基づく付随的な義務である」から，それを根拠として，各契約の「拘束力を全て解消するような解除を認めることはできない」としている。しかし，仮に，プロジェクトマネジメント義務を「契約締結の目的には必要不可欠なものではない」いわゆる付随的義務であると捉える場合においても，そのことから論理必然に一切解除ができなくなるわけではない。付随的義務についても，「契約締結の目的の達成に重大な影響を与える」ものである場合は，「要素たる債務」にあたり，その不履行は，契約の解除原因になるとされている（最判昭43・2・23民集22巻2号281頁，最判昭45・11・20金判242号2頁）。したがって，ベンダのプロジェクトマネジメント義務違反が原因でプロジェクト全体が頓挫したような場合には，ユーザによる契約解除も認められる可能性がある。

　また，同様に，ユーザの協力義務違反が原因でプロジェクトが頓挫したような場合には，ベンダによる契約解除も認められる可能性がある。

③　契約上の報酬請求

　ユーザの協力義務違反により，契約に基づくベンダの報酬請求が認められるかが争われた事案がある。

　以下の裁判例〈49〉は，ユーザの協力義務を認定し，ユーザがベンダに協力しなかったために，ベンダの債務が履行不能となったとして，ベンダによる契約上の報酬請求を認めている。

〈49〉東京高判平30・3・28ウエストロー2018WLJPCA03286014

事　案	本訴請求は，ベンダ（被控訴人，1審原告）がユーザ（控訴人，1審被告）に対して，ユーザの新たな販売システムのアプリケーションプログラムの開発に係る請負契約に基づき，報酬を請求した事案である。 反訴請求は，ユーザが，ベンダが開発契約に基づく義務を履行せず，当該契約の履行が不能になったとして，当該契約の解除に基づき原状回復義務の履行として既払い金の返還を，また，当該解除またはベンダのプロジェクトマネジメント義務違反に基づく損害賠償を請求した事案である。
結　論	ベンダの本訴請求を一部認容。ユーザの反訴請求を棄却。
取り上げる争点	ユーザの協力義務違反の効果
判　旨	**民法536条2項に基づく報酬請求を認容** 　システム間結合テストの実施に当たって，移行データの不備は認められないというべきであり，システム間結合テストの実施には特段の支障はなかったもので，それにもかかわらず，ユーザは，同年6月23日以降，ベンダとの協議を拒むようになり，最終的には，本件アプリ開発契約を解除するに至ったのであるから，ユーザには，本件アプリ開発契約に係るベンダの債務が不能となったことにつき，責めに帰すべき事由があるというべきである。 　以上によれば，ベンダは，ユーザに対し，民法536条2項に基づき，本件アプリ開発契約に係る委託料12億7000万円（消費税等別途・消費税等込みで13億3350万円）について支払を請求することができる。

第4節

解除に関する論点

1 債務不履行解除

(1) 解除の要件

　ベンダ（ユーザ）の責めに帰すべき事由による債務不履行がある場合，ユーザ（ベンダ）による契約解除が認められるかが争点となる。債務不履行に基づく契約解除の根拠は，民法541条（履行遅滞等による解除権）または民法542条（履行不能による解除権，旧民法543条）である。

① 民法541条（履行遅滞等による解除権）

　民法541条の場合，条文上は，原則として履行の催告を行って相当期間が経過することが必要である（契約に別途の定めがある場合および民法542条の条件を充足する場合は別である）。しかし，ある程度の規模のシステムになれば，その開発は長期間をかけて行われるのが通常であり，プロジェクトが頓挫した場合に1週間程度の期間を定めて催告しても，現実にはほとんど意味がないことが多い。そのため，ユーザが解除通知を送付する場合も，履行の催告など行わずに即時解除する旨を記載することがままあるが，一般には履行不能よりも履行遅滞のほうが立証は容易であるから，一応期間を定めて催告したうえで，それまでに完成しなければ解除するという内容にしたほうが無難である。もっとも，裁判例の中には，おそらく前記のように催告が実質的に意味を持たないことが多いことから，催告の要件を緩やかに解しているものが見られる。

　たとえば，前記裁判例〈16〉東京地判平22・5・21ウエストロー2010WLJPCA05218002は，解除通知自体に催告文言がないことを認定しつつ，解除直前にベンダ自身が期間を定めて債務の履行に向けて努力すると述べていたことを

とらえて，実質的にみてベンダに履行の機会を与えたうえでなされたものであるから，催告を経たのと同視することができるとして，ユーザによる履行遅滞による解除を認めている。

　また，前記裁判例〈42〉では，ベンダに瑕疵修補の機会が再三与えられており，そのうえでユーザがベンダに対し契約解除の方向で進む旨を伝えたことをもって催告と評価されている。

　〈42〉再掲　東京地判平16・12・22判時1905号94頁

取り上げる争点	催告の有無および要否
判　旨	催告を認定しつつ，催告をしなくても不合理とは認められない特段の事情も認定 　ベンダに対しては，修補の機会は再三にわたって与えられていたものであり，そのうえで，平成9年6月20日および同月末に，ユーザが，ベンダに対し，契約解除の方向で進む旨伝えたことにより，催告がなされたものというべきであるし，そうでないとしても，平成8年1月17日に納期が同年6月1日と定められ，概ね半年で完成するシステムであったにもかかわらず，現実には平成9年3月31日にようやく本件システムがユーザに交付され，さらに平成8年1月17日から約1年半を経過してもなお修補が完了していなかったものであるうえ，本件システムには，なお契約の目的を達することができない重大な瑕疵が残存し，催告しても，相当期間内に修補できる状態であったとは思われないことを併せ考えれば，本件においては，信義則上，解除をするにあたり，催告をしなくても不合理とは認められない特段の事情があるというべきである。

　さらに前記裁判例〈6〉東京地判平23・4・6ウエストロー2011WLJPCA04068002では，実際の開発作業を担っていた下請ベンダに元請ベンダを代理する権限があったとし，ユーザから下請ベンダに対する納品の催告をもって元請負契約の履行遅滞解除を認めている。

　②　民法542条（履行不能による解除権，旧民法543条）

　民法542条（旧民法543条）の場合，条文上，履行の催告は不要であるが，履行不能と言えるのかがしばしば問題になる。

　履行不能か否かの判断は，社会通念に従って行われるものであり，物理的に

およそ不可能であるということまでは求められていない。もっとも，社会通念に従って履行不能が認定されるためのハードルは相当に高い。

　たとえば，以下の裁判例〈16〉では，ベンダに本件システムを開発する技術および能力がなく，およそ完成があり得なかったとまでは認められないとして履行不能が否定されている。また，以下の裁判例〈43〉では，結果的に当初予定していたパッケージソフトの適合性の問題から，ベンダから，別のパッケージソフトの採用が提案されるに至ったという経緯をたどった事案において，履行不能が否定されている。さらに，以下の裁判例〈50〉，〈21〉では，原審では肯定された履行不能が，控訴審で否定されている。原審では従前の裁判例の傾向と比べると履行不能が認められるハードルを下げているように見えるが，この判断は控訴審では否定されている。

〈16〉 再掲　東京地判平22・5・21ウエストロー2010WLJPCA05218002

取り上げる争点	履行不能の成否
判　　旨	否定 　ベンダは，これまでに複数のPOSシステムなどの事務処理系関連などのシステムを開発した経験を有し，実際に発注した顧客からも一定の評価を得ていた。もっとも，基幹システムの開発経験はなかった。 　一般的に，システム開発工程の比率は，基本設計16.2パーセント，詳細設計17.3パーセント，プログラミングと単体テスト37.5パーセント，結合テスト16.2パーセント，総合テスト12.8パーセントとされている。 　そして，本件システムの完成度については，当庁の調停委員会は，これを各開発工程ごとにみた場合，a基本設計および詳細設計については，50パーセント程度，bプログラミングと単体テストおよび結合テストについては，バグ管理もなされてきているようであり，70パーセント程度，c総合テストについては，始まっているところもあり，10パーセント程度であって，結局，本件システム全体の完成度としては，56パーセント程度であったとしていて，完成度が上記認定を上回るものとは認められない。 　以上によれば，ベンダは基幹システムの開発経験はないものの，事務処理系関連などのシステム開発の経験が相当程度あり，本件システムの完成度が約56パーセントであり，ある程度は完成していると評価できることなどからすれば，ベンダに本件システムを開発する技術お

よび能力がなく，およそ完成があり得なかったとまでは認められない。

したがって，ベンダは，平成20年1月11日の時点において，本件システムの開発について履行不能の状態にあったとは認められない。

〈43〉再掲　東京高判平25・9・26金判1428号16頁

取り上げる争点	履行不能の成否
判　旨	否定 ユーザは，Corebank の採用義務違反があるとし，Corebank を勘定系ソフトに用いた本件システム開発が履行不能であったと主張する。 しかし，Corebank を用いて邦銀の勘定系システムを構築することが不可能であったとは認めがたい。また，Corebank を採用したものの，ユーザとの間で開発費用，開発スコープおよび開発期間の調整ができなかったために，本件システムを完成させることができなかったこと，その交渉過程で TCB を勘定系ソフトに採用するシステムの提案をしたことを捉えて，履行不能を理由とする債務不履行責任を認めることはできないというべきである。

〈50〉東京地判平31・3・20ウエストロー2019WLJPCA03206001

取り上げる争点	履行不能の成否
判　旨	肯定 本件開発業務は，要件定義に関する作業が遅延して完了しないまま平成23年9月に設計・開発フェーズが開始され，同フェーズにおいてプログラムを分割出荷とするとともにスケジュールの調整が行われたが，度重なる出荷遅延が発生し，品質向上のためにメインシステムとの同時稼働開始を断念して本件開発業務を一時中止することが検討されるような状況も経て，平成24年8月に設計・開発フェーズと並行してテストフェーズが開始されたが，同フェーズにおいて前工程までのテストが十分でなかったと分析される障害が多発し，同年8月24日の本件リスク報告では，ベンダ自身が，メインシステムとの同時稼働開始にスケジュールおよび品質のリスクがある旨を申し出る状況に陥ったものである。 ベンダが報告した上記スケジュールおよび品質のリスクとは，要するに，本件システムが平成25年1月4日のメインシステムの稼働開始までには完成せず，仮に完成させても稼働開始後に不具合を生じると

いうリスクにほかならず，このようなリスクが現実化したときには，ユーザの顧客に対する本件各サービスに係る業務に支障が生じることは避けられないと考えられる。そして，顧客に対し，日々円滑に本件各サービスに係る業務を提供すべき立場にあるユーザにとって，社内のコンピュータ・システムの更新に伴い，顧客との関係で上記のような業務支障を生じさせるリスクは，到底，許容し得るものとは思われない。しかも，本件リスク報告は，メインシステムの稼働開始まで4カ月強しか残されていない時期に，遅延し障害が多発していた当時の本件開発業務の状況を踏まえ，ベンダ自身が行ったものであるから，そのリスクは，客観的にみて，現実的で差し迫ったものであったというべきである。

　前記認定事実のとおり，ユーザは，平成24年8月24日の本件リスク報告を受け，総合テストを中止してコンティンジェンシープランを発動することとし，同月27日には本件発動通知をし，メインシステムの稼働開始に向けて現行システムとの接続が開発されるに至ったが，ここで発動されたコンティンジェンシープランとは，不測の事態が発生したときに被害や損失を最小限にとどめる目的であらかじめ定められたものであり，以上のような許容し得ない現実的で差し迫った業務支障リスクに直面した当時の状況の下で，ユーザが，リスクマネジメント策としてコンティンジェンシープランを発動するということは，社会通念に照らして客観的にみて，ごく通常の，あるいは当然の因果の流れであったと認められる。むしろ，当時の状況の下で，本件開発業務がそのまま継続されるということは，通常考え難いほどに不自然・不合理なことというべきである。

　そして，上記中止された総合テストとは，履行未了につき当事者間に争いがない本件個別契約14におけるベンダの債務の目的であり，具体的には，リテールITプロジェクトの総合テストへの参加を通じて行われるものであるところ，以上の事情の下では，本件発動通知の後に，現行システムでなく，本件システムがリテールITプロジェクトの総合テストに再び参加することは，社会通念上，客観的にみてあり得ない。

　そうすると，本件個別契約14におけるベンダの債務は，本件発動通知がされた平成24年8月27日の時点において，履行不能を来したものと認められる。

〈21〉再掲　東京高判令3・4・21ウエストロー2021WLJPCA04216002

取り上げる争点	履行不能の成否
判　旨	否定
	平成24年11月2日の時点において，本件システムの品質を合理的な期間内に金融システムに必要なレベルに改善することが不可能になったことを認めるに足りる証拠はない。ベンダ側意見書には相応の論拠があり，改善が可能であったという事実を認定することができる。ユーザ側意見書は，一つの予想を述べるものではあるが，ベンダ側意見書の論拠を崩すまでには至っていないというほかはない。 　本件システムが前記の時点において改善を要する点を多数抱えていたことは前記認定のとおりであるが，双方にその原因があり，特に下流工程の基本設計フェーズに入った後も，さらには当初はテスト期間と想定されていた平成24年に入ってからも変更要求を繰り返して，工数の著しい増大とパッケージ製造元会社の作業の手戻りと遅れを繰り返し誘発し，パッケージ製造元会社からプログラム製作作業の十分な時間的余裕を奪ったユーザ側に，より大きな原因があることが，明らかである。そうすると，仮に百歩譲って前記の時点で履行不能であると評価することが可能であるとしても，その帰責事由の多くはユーザの側に多々あるのであって，ベンダの帰責事由と評価することは困難であるというほかはない。

(2) 解除の効果

① 準委任契約の解除

　準委任契約の場合は，解除の効果は将来効である（民法652条・620条）。

② 一括請負の場合の既履行部分解除

　請負契約の場合は，条文上は，準委任と異なり，解除の効果が将来効であるとの特則がない。もっとも，建築請負契約では，請負人の債務不履行を理由に注文者が解除をする場合，工事内容が可分であり，しかも当事者が既履行部分の給付に関し利益を有するときは，特段の事情のない限り，既履行部分については契約を解除することができず，ただ未履行部分について契約の一部解除をすることができるにすぎないものと解するのが相当であるとされている（最判昭56・2・17判時996号61頁）。

　ここで，システム開発契約において，ベンダによる既履行部分の給付に関しユーザが利益を有する部分を具体的にどうやって認定するのかが問題になる。

　たとえば，ユーザの業務要件を整理した要件定義書については，ユーザの要望が十分吸い上げられており，他ベンダが行う別プロジェクトにおいても流用可能であるというような場合には，要件定義部分は既履行として解除できないことになる。他方，形式的には成果物として要件定義書ができていても，それ自体，そもそも本来吸い上げるべきユーザの要望が吸い上げられていないということであれば，そもそも既履行部分にあたらないか，ユーザが当該給付に関して利益を有することが否定されることになろう。

　以下の裁判例〈51〉では，既履行部分に関する契約の解除が否定されている。

〈51〉東京地判平25・7・18ウエストロー2013WLJPCA07188004

事　案	ユーザ（原告）が，ベンダ（被告）に対し，ベンダとの間で締結したシステム開発契約についてベンダの債務不履行を原因として，解除したと主張して，原状回復を求める事案である。
結　論	ユーザの請求を一部認容。
取り上げる 争点	既履行部分の契約の解除
判　旨	否定 　本件請負契約においては，報酬支払期限は分割検収と定められ，各工程であらかじめ定められた納品物の対価として，納品物の検収の翌月末日までに，各工程に応じた報酬を支払うものと定められていたことが認められる。そうすると，各工程の納品物（目的物）が完成し，検収を受けて引き渡されている以上は，その工程に関しては，原則として，本件解除の効力は及ばず，また，そうでなくても，解除時点で既に完成し引き渡された部分に関しては，解除の効力は及ばないと解するのが相当である。 　本件においては，㋐基本設計工程および㋑詳細設計・制作工程については，本件請負契約で定められた各納品物が納品され，ユーザにおいて検収された上で，検収の翌月末日までに，各工程で定められた報酬（1050万円および2100万円）が支払われている。したがって，ユーザは，この1050万円および2100万円については，本件解除に基づく原状回復として返還を求めることはできない。 　これに対し，㋒制作・テスト工程については，本件請負契約で定め

られた納品物は，③操作運用マニュアルとされている。しかしながら，本件請負契約においても，その検収月は，本件請負契約に基づく最終の納品物である実行モジュール一式の納入期限と同日とされ，この工程の検収によって，本件請負契約における報酬総額を支払うことになるのであるから，この工程の報酬5250万円が，③操作運用マニュアルとのみ対価関係にあると認めることはできず，(ウ)制作・テスト工程の報酬5250万円は，本件請負契約に基づく最終的な仕事の完成，すなわち本件システム全体の完成および稼働と対価関係にあるとみるべきである。

　この点，ユーザは，③操作運用マニュアルのみでなく，④実行モジュール一式についても，平成23年8月30日に検収している。しかしながら，同年10月1日，あるいは同年12月の段階でも債務不履行の状態にあったと認めるべきであり，その点についてはベンダにおいても了解していたからこそ，同年10月1日以降の本件システムの運用において，ベンダによるサポート態勢としてエンジニアの無償派遣が行われたものであるということができ，ユーザによる検収をもって，ベンダの仕事が全て完成していたと認めることは相当でない。

　さらに，ユーザは，平成23年3月30日，(ウ)制作・テスト工程の報酬の半額に相当する2625万円をベンダに支払っている。しかしながら，このユーザの支払は，本件システムの開発遅延への対応をユーザとベンダらで協議する中で，いわば暫定的，折衷的に前払をしたものと認められ，同年1月6日に検収した③操作運用マニュアルの対価であるとはいえないし，その支払をもって，その額に相当する仕事が完成しユーザに引き渡されたとみることもできないというべきである。

　そこで，本件解除時点において，本件請負契約における仕事の完成の度合いがどの程度であったかを検討する。

　本件システムが単独で稼働された平成23年10月の時点においても，本件システムによる運用は，顧客からの受注から出荷までの機能であって，それも10名程度の手作業による無償サポートを要する状態であったこと，本件システムを導入する大きな目的の一つであった在庫管理機能は機能していなかったこと，諸々の機能の連動も図られず，当初予定されたユーザにおけるコストの削減や経営合理化の目的を達することができなかったといわざるを得ないこと，他方，本件システムは，上記のとおり多くの機能を予定していたものであるところ，不十分とはいえ顧客からの受注から出荷までの機能が一応備わっており，実際にも運用に供されており，この部分については一応完成したと認められることを考慮すると，本件解除までに完成・引渡しをされたのは，(ウ)制作・テスト工程で予定されていた仕事のうち5割には到

底満たず，３割にとどまると解するのが相当である。これに反する証人の証言は採用できない。

　そうすると，報酬残額5250万円のうち，３割相当の1575万円分については本件解除の効力が及ばないが，その余は解除されたと認められる。

(3)　解除に基づく主張をする実益（損害賠償との対比）

　ユーザに未履行の代金債務があり，ベンダから反訴請求をされるような事態であれば，契約解除を抗弁として主張することが考えられる。準委任契約の場合は，将来効なので抗弁としては機能しないことになるが，請負契約の場合は遡及効であるため，有益である。

　また，ユーザが契約金額分の損害賠償を塡補賠償（第5節①(2)）として請求する際に，解除をしたことを根拠とすることが考えられる。

　損害賠償請求権と解除に伴う原状回復請求権については，法的には以下の相違点がある。

　まず，損害賠償の場合は過失相殺について明文規定がある（債務不履行：民法418条，不法行為：同法722条2項）が，解除に伴う原状回復請求（同法545条）については，明文規定がないため，過失相殺を受けないと解される可能性があるという点である。

　以下の裁判例〈52〉は，システム開発訴訟において，解除に伴う原状回復請求に過失相殺の類推適用がされることを否定している。

〈52〉東京地判平21・7・31ウエストロー2009WLJPCA07318003

事　案	ユーザ（原告）が，ベンダ（被告）との間で，ユーザの情報システム開発に関する業務委託契約（請負契約）を締結したところ，ベンダが同契約に基づく債務を履行せず，あるいは，ベンダの提供した成果物に瑕疵があり，契約をした目的を達することができないと主張し，①債務不履行による契約解除（民法541条）に基づく原状回復請求として，ユーザがベンダに支払った代金等の支払，ならびに②債務不履行に基づく損害賠償請求（同法415条）として，情報システム開発が失敗したことにより無駄になったユーザの人件費相当額等の支払等を求めた事案である。
結　論	ユーザの請求を一部認容。

107

取り上げる争点	解除に伴う原状回復請求への過失相殺の類推適用の有無
判　　旨	否定 　ベンダはユーザに対して原状回復義務を負うところ，ベンダはユーザにも過失があるから過失相殺されるべきである旨主張するが，原状回復義務について，過失相殺の適用ないしその類推適用は認められないから，この点についてのベンダの主張は失当である。

　このように，過失相殺の類推適用は否定されるものの，信義則あるいは権利濫用等の一般法理により，金額の割合的調整を行う余地はあると思われる。たとえば，大阪地判平3・12・25判時1422号120頁は，空リースの事案で解除に伴う原状回復請求権の5割を，空リースが生じたことの原因が双方にあることを理由として，信義則により封じている。また，東京地判平23・6・27判時2129号46頁も個別具体的な事案において，信義則の適用によって，不当利得返還請求権の行使が制限される余地を認めることはできるとした。ただし，具体的な結論としては，同事例では，原告の不当利得返還請求権の行使が信義則に反すると認めるに足りる事情は存在しないとして信義則適用による制限は認めなかった。信義則の適用が柔軟に認められれば，過失相殺の類推適用が否定されることはあまり大きな意味を持たないことになる。

　2点目の相違点として，解除に伴う原状回復請求権の場合，受領時から利息の支払をする必要がある（民法545条2項）のに対して，債務不履行や不法行為の場合はそれぞれ債務不履行や不法行為の時からはじめて遅延損害金の支払が必要になるから，解除に伴う原状回復請求によったほうが利息の金額が大きくなる場合がある。

(4)　多段階契約の場合

　多段階契約で複数の個別契約が締結される場合，1つの個別契約について発生した債務不履行事由や契約不適合（瑕疵）が，当然には他の個別契約の債務不履行事由や契約不適合（瑕疵）とはならないため，ユーザとしては，当該システムは，全体として無意味，無価値なものになっているにもかかわらず，後の段階の個別契約については，解除ができない可能性がある。そのため，多段

階契約の場合において，ある個別契約には債務不履行や契約不適合（瑕疵）等がなく，他の個別契約にはあるという場合に，債務不履行や契約不適合（瑕疵）等のない個別契約分以降の契約も解除できるのかが問題になる。

　これに関しては2つの法律構成があり得る。

①　契約目的の密接関連性

　最判平8・11・12民集50巻10号2673頁は，「同一当事者間の債権債務関係がその形式は甲契約および乙契約といった2個以上の契約から成る場合であっても，それらの目的とするところが相互に密接に関連付けられていて，社会通念上，甲契約または乙契約のいずれかが履行されるだけでは契約を締結した目的が全体としては達成されないと認められる場合には，甲契約上の債務の不履行を理由に，その債権者が法定解除権の行使として甲契約と併せて乙契約をも解除することができるものと解するのが相当である」とした。そして，本件不動産は，屋内プールを含むスポーツ施設を利用することを主要な目的としたいわゆるリゾートマンションであり，買主は本件不動産をそのような目的を持つ物件として購入したものであることがうかがわれ，売主による屋内プールの完成の遅延という本件会員権契約の要素たる債務の履行遅滞により，本件売買契約を締結した目的を達成することができなくなったものというべきであるから，かかる履行遅滞を理由として民法541条により本件売買契約を解除することができるものとした。

　この最高裁判例の法理を援用して，システム開発契約の多段階契約を解除できないかが問題となる。

　この点につき判断した裁判例として，以下の裁判例〈33〉，〈53〉，〈50〉がある。

〈33〉再掲　東京高判平26・1・15D1-Law28220149

取り上げる争点	システム開発契約の多段階契約の解除
判　旨	下記の①・②の合意については否定し，③の合意については肯定 　①導入支援作業は，ユーザが行うべき検収作業，すなわち，成果物が検収できるのか否かを判定することを，適切に行うことを目的とするものと認められるのであって，本件ソフトウェア開発個別契約の成果物がその瑕疵により検収不能であったとしても，ユーザが検収不能という判定をするために必要な作業であると認められる。したがって，

本件ソフトウェア開発個別契約が履行されずに，導入支援契約のみが履行されたとしても，その目的を達成することができないとは認められないのであって，社会通念上，本件ソフトウェア開発個別契約または導入支援契約のいずれか一方が履行されるだけでは契約を締結した目的が全体としては達成できないと認められる場合にあたるものとは認められない。

②DREAMER会計保守作業に関する合意およびDr. Sum EA保守費用に関する合意は，本件新基幹システムに組み込まれているDREAMER会計およびDr. Sum EAを不具合なく作動させ，本件ソフトウェア開発個別契約に係る開発，テスト等を可能にすることも目的とするものであると認められる。そうすると，本件ソフトウェア開発個別契約の成果物がその瑕疵により検収不能であったとしても，ユーザがその検収不能という判定をするためには前記各合意に基づく作業が必要なものと認められ，本件ソフトウェア開発個別契約が履行されずに，前記各合意のみが履行されたとしても，その目的を達成することができないとは認められない。

③本件ソフトウェア開発個別契約の対象である本件新基幹システムを完成させるために必要となったINS回線の敷設と指示システム携帯アプリ対応機器追加の各作業に関する合意は，本件ソフトウェア開発個別契約に密接に関連付けられていて，それと相まって本件新基幹システムを完成させるための請負契約であり，社会通念上，その合意のみが履行されたとしても合意をした目的は達成することができない。したがって，本件ソフトウェア開発個別契約について仕事の目的が達成できないものとして瑕疵担保責任に基づく解除が認められる以上，これらの合意も解除されたと認めるほかない[16]。

〈53〉東京地判平28・11・30ウエストロー2016WLJPCA11308027

| 事案 | 本訴請求は，ユーザ（原告）が，ベンダ（被告）との間で，ユーザの事務処理用のシステム開発の請負契約を締結するとともに，システムを作動させるためのソフトウェアおよびハードウェアをベンダから購入する売買契約を締結したところ，当該請負契約に基づくベンダの履行遅滞を理由に，当該請負契約および売買契約を解除したとして，原状回復請求としてユーザがベンダに支払った代金等の支払，債務不履行に基づく損害賠償ならびに売買契約の解除による原状回復請求として引き渡されたソフトウェアおよびハードウェアの撤去を求めた事案である。 |

16　原審である東京地判平25・5・28判タ1416号234頁の判断を維持した部分である。

	反訴請求は，ベンダが，ユーザに対し，未払報酬等の支払を求めた事案である。
結　論	ユーザの本訴請求を撤去請求を除き認容。ベンダの反訴請求を棄却。
取り上げる争点	システム開発契約の多段階契約の解除
判　旨	**請負契約の債務不履行を理由として，売買契約の解除を肯定** 　同一当事者間の債権債務関係がその形式は 2 個以上の契約から成る場合であっても，それらの目的とするところが相互に密接に関連付けられていて，社会通念上，その各契約のいずれかが履行されるだけでは契約を締結した目的が全体としては達成されないと認められる場合には，そのうち一つの契約上の債務の不履行を理由に，その債権者が法定解除権の行使として当該契約と併せてその余の契約をも解除することができるものと解するのが相当である（最高裁平成 8 年(オ)第1056号同年11月12日第三小法廷判決・民集50巻10号2673頁参照）。 　これを本件についてみるに，前記認定事実によれば，ユーザは，本件各売買契約を締結して，本件新システムを動作させるためのソフトウェアおよびハードウェアを購入したものであるところ，本件各売買契約の目的とするところは，本件新システムを開発して稼働させることを目的とする本件請負契約と密接に関連し，社会通念上，本件請負契約と本件各売買契約のいずれかが履行されるだけでは，本件新システムの稼働という目的が全体として達成されないと認められる。したがって，ユーザは，本件請負契約の履行遅滞を理由に，本件請負契約と併せて本件各売買契約をも解除することができるものというべきである。

〈50〉再掲　東京地判平31・3・20ウエストロー2019WLJPCA03206001

取り上げる争点	システム開発契約の多段階契約の解除
判　旨	否定 　ユーザは，最高裁判所平成 8 年11月12日第三小法廷判決を引用し，本件システムの完成不能に伴い，少なくとも WM の導入決定以後に締結された本件個別契約 5 ～17については，履行不能を理由として解除し得るとも主張する。 　しかし，上記最高裁判決は，同一当事者間で締結された 2 個以上の契約のうち 1 の契約の債務不履行を理由に他の契約を解除し得る場合について判断したものであって， 1 の契約の債務不履行を理由に他の

契約が債務不履行を来すことを判断したものとは解されない。

　　また，上記最高裁判決の下で，いずれかの債務不履行を理由として
その余の契約を解除し得るのは，社会通念上，いずれかが履行される
だけでは契約を締結した目的が全体として達成されないと認められる
場合であると解される。これを本件個別契約5〜17について検討する
と，これらの各契約の共通の契約目的は，各契約の締結と履行の終了
の積み重ねを通じて，順次段階的に達成されていくことが予定された
ものであって，上記最高裁判決の事案のように，数個の契約の同時並
行的な履行によって達成されることが予定されたものではない。しか
も，上記最高裁判決の事案では，共通の契約目的を達成する上で必要
な契約があらかじめ全て締結され，数個の契約上の債務の履行により
契約目的が達成されることが法的に保障されていたのに対し，本件開
発業務については，本件個別契約5〜17を包含し，本件システムの完
成やメインシステムと連携した稼働開始を直接の法的義務として約す
るような包括的契約もなく，中止に備えたコンティンジェンシープラ
ンも想定されるなど，契約ごとの段階的な契約目的を超えて，最終的
な共通の契約目的が達成されることが法的に保障されていたものでも
ない。

　　以上によれば，上記最高裁判決は，本件とは事案を異にするという
べきであるから，本件に引用するのは相当でない。

②　債務不履行，契約不適合（瑕疵）等の承継

　仮に，上流工程の契約に債務不履行や契約不適合（瑕疵）がある場合におい
ては，下流工程の契約についても，上流工程の債務不履行や契約不適合（瑕疵）
等を内在的に承継することになり，下流工程の契約にもまた債務不履行や契約
不適合（瑕疵）が存在することになるのであるから，かかる下流工程の契約も
解除できるとの法理が認められれば，前記①の最判平8・11・12民集50巻10号
2673頁判決に依拠するまでもなく，下流工程の契約の解除（ただし契約不適合
責任（瑕疵担保責任）の場合には契約不適合（瑕疵）が重大であることも必要）
が認められることになる。

　この点，前記裁判例〈20〉においては，プロジェクトが最終的に頓挫したと
の一事をもって，多段階契約の各個別契約を解除することはできないとした。

〈20〉再掲　東京地判平28・4・28判時2313号29頁

取り上げる争点	システム開発契約の多段階契約の解除
判　旨	否定

ユーザは，仮に上記1個の請負契約が成立したとはいえないとしても，本件システム開発に関しては1個ないし複数の個別の委任契約が成立したところ，ベンダの責めに帰すべき事由により本件システムには多数の不具合ないし瑕疵が発生したのであるから，ベンダには本件システム開発に関する契約上の債務の不完全履行があると主張する。

確かに，本件システム開発に関して締結された各契約は，本件システムの構築に向けた1個のプロジェクトである本件プロジェクトを組成しているものであるとみることができる一面を有するが，他面では，それぞれが前記の各フェーズにおける独自の意義を持つ独立した1個の契約として独自の給付目的を有しているため，その解除原因としての債務不履行事由もそれぞれ別個に観念することができる。したがって，そのような各契約に係る個別の債務不履行事由をなおざりにしたうえで，単純にそれら契約がその組成要素として位置付けられる本件プロジェクトが頓挫したという一事のみで，これら各契約全体を解除しそれら契約の拘束力から一切解放されるという解除を認めることはできないというべきである。かような観点からすれば，本件プロジェクトを組成する各個別契約についての解除の可否については，契約ごとに，それぞれの給付目的を中心とする具体的債務内容についての不履行があるか否か，それによって契約の目的を達成することができないなど契約の拘束力を維持するのが相当であるか否か等の諸要素を検討したうえで判断するのが相当であるところ，以上のような各契約に係る解除原因を認めるに足りる証拠はない。

かえって，ベンダは，検討フェーズからIMPフェーズに至るまでのすべての個別契約のサービスおよび納入物に関して，ユーザから検収を受けるとともに代金の支払を滞りなく受けてきた。そうすると，ベンダには，上記各個別契約における主たる債務たる給付目的自体に関して債務不履行があったということはできない。

前記裁判例〈43〉東京高判平25・9・26金判1428号16頁は，上流工程において本件システムが実現不可能といえるような状況になり，プロジェクトマネジメント義務違反が発生している場合には，それ以降の工程の契約については，不必要な開発費用を支払わせているものであり，これらの契約について，プロ

ジェクトマネジメント義務違反が生じているものとして，下流工程の契約の契約解除を認めている。

2 契約不適合責任（瑕疵担保責任）に基づく解除

　契約不適合責任（瑕疵担保責任）に基づく解除の場合は，単に契約不適合（瑕疵）が存在するのみでは足りず，契約不適合（瑕疵）が重大な瑕疵であることが法律上の要件とされている（民法541条（旧民法635条））。

　ユーザの業務等への影響が大きい重大な不具合であり修補が容易でない場合や，これまでの経過として，個々の不具合をモグラたたきのように直しても，またテストをすると，新たな不具合が発生して，今後も新しい不具合・バグが収束する目処がたっていないというような場合には，重大な契約不適合（瑕疵）が認定され，解除が認められる傾向にある。

　たとえば，以下の裁判例〈32〉，〈33〉においては，契約目的を達成できないほどの重大な瑕疵が認定され，解除が認められている。

〈32〉再掲　東京地判平14・4・22判タ1127号161頁

取り上げる争点	瑕疵担保責任に基づく解除の可否
判　旨	肯定 　本件システムは，〈1〉在庫照会の検索処理に30分以上の時間を要する場合があり，その間，画面が止まったような状態になること，〈2〉売上計上等の処理速度も遅く伝票を出力するまでの待ち時間も長いこと，〈3〉1枚の仕入伝票を処理するのに約1時間かかること，〈4〉平成9年10月に実施した仮締処理では30分程度であった月次処理時間が同10年3月21日の時点で約4時間に増加し，その後も増加を続けたこと，〈5〉システム内容を変更した場合，朝の電源投入処理に数十分の時間を要すること，〈6〉月次処理の実行中は，端末自体が使用できなくなること等の不具合が発生していたことが認められる。 　本件システムは，販売管理に関するシステムであり，販売管理システムには，迅速化および合理化が必須の要素として求められていること，ユーザの営業所では，検索に時間がかかるために，手書きの在庫台帳を作成して顧客からの問い合わせに応じていることによれば，本

件本稼働後，本件システムに生じた処理速度に関する不具合は，ユーザが本件システムを用いて通常業務を行ううえで，看過することができない重大な不具合であると認めるのが相当である。

墓石等関連システムは，〈1〉複数のデータベースから複数条件で情報を検索し複数明細を表示する処理であり，処理する明細数に比例して処理時間がかかること，〈2〉受注登録等，更新を要する事項について，画面に情報を入れるたびにサーバーにアクセスする必要があること，〈3〉修正，取消に時間がかかるのは更新ファイルの数が多いことが原因であり，処理速度の改善には，通信回線の転送容量（通信回線の太さ）等の物理的限界があることが認められる。

本件各瑕疵は，販売管理システムの瑕疵としては，重大なものであり，ユーザは，上記各瑕疵の存在により，本件システムの継続使用を断念し，旧システムを再び使用するに至っている。そして，ユーザは，本件システムの継続使用を断念した最大の理由について，処理速度の遅さにあると指摘しており，以上の各点を考慮すると，本件各瑕疵は，契約の目的を達成することのできない瑕疵であると認めるのが相当である。

〈33〉 再掲　東京高判平26・1 ・15D1-Law28220149

取り上げる 争点	瑕疵担保責任に基づく解除の可否
判　旨	肯定 　本件新基幹システムの補修未了の不具合，障害は31件であり，その他に本件新基幹システムの補修未了の不具合，障害が29件（高1件，中6件，低22件）あって，その補修工数は合計93.4人日要するところ，期間の経過により発現数は減少しているものの，本件新基幹システムの障害・不具合が順次発現していたことに照らせば，本件新基幹システムに，今後どの程度の障害・不具合が生じ，その補修にどの程度掛かるのかについて，その目途が立たない状態にあった。 　そのうえ，ユーザの現行システムのホストコンピュータの保守期間が平成21年9月30日に満了するところ，同年8月31日の時点において，少なくとも品質担保対策にその準備期間1カ月に加え5カ月要し，現行システムとの並行稼働までにはさらに少なくとも5カ月の導入支援期間を要する状態であったことからすると，仮に同年6月16日におけるベンダの作業の中断がなく，前記準備期間の1カ月が不要であったとしても，なお，本件新基幹システムが検収され，現行システムとの並行稼働が可能となる状態になるのは，現行システムのホストコン

> ピュータの保守期間満了から少なくとも半年以上経過した後になると認められるのである。以上判示の各点を総合すれば，ユーザが前記解除の意思表示をした同年6月16日の時点において，本件新基幹システムは，その瑕疵のために前記検収期間終了時において検収が終了せず，その時期が前記予定よりも大幅に遅れているうえ，ユーザの現行ホストコンピュータの保守期間が満了後もなお長期間を要する状態になっていたものと認められるのであり，本件ソフトウェア開発個別契約は，本件新基幹システムの瑕疵のために，社会通念上，本件ソフトウェア開発個別契約をした目的を達することができないものと認められる。

　ユーザが契約の解除まで行う場合には，何らかの重要な事態が生じていることが通常と思われるが，それが客観的に証拠をもって基礎付けられるか否かを今一度検証すべきであろう。

　以下の裁判例〈42〉では，契約目的達成不能による瑕疵担保責任解除が認められており，民法636条（注文者の指図等による瑕疵の場合の請負人の担保責任に関する規定の不適用）の類推適用による解除の制限については否定されている。

〈42〉　再掲　東京地判平16・12・22判時1905号94頁

取り上げる争点	瑕疵担保責任による解除の可否
判　　旨	肯定 　ベンダは，一括在庫引当処理および排他制御を含む本件各不具合は，いずれも容易に修補できるものであり，本件訴訟中において，現に修補できたものであるから重大な瑕疵ではないというように主張する。しかしながら，不具合があった場合の修正については，まず，それが人為的ミスなのかシステムの瑕疵なのかの判別に時間を要し，さらにその修正方法を検討したうえで修正作業に入るのであり，ベンダのいう修補作業は，共同検証の結果，不具合の存在およびその原因等が解明されたうえでのものであり，不具合の存在や原因の解明に要する時間が考慮されておらず，そのような修補作業に要した時間だけを見て，修正が容易であったということはできない。 　次に，前記各不具合の原因およびその修補方法について見るに，一括在庫引当処理を行うについては商品マスタと受注残データが対象となるが，本件システムにおいては，これらのデータを全件サーバーからクライアントに転送し，クライアントにおいて引当処理を行って，全件をデータベースに戻す構造を取っており，それが処理時間を要し

た原因となっていたものである。ベンダの修正においては，対象データを抽出する条件を加え，それをサーバーで判別させるようにしたもので，サーバーでの処理を取り入れたと評価できるものであって，これによれば，当該修正は単なる軽微な修正にとどまらず，システム構造の根本に関わる重大な変更であるというべきである。

　また，排他制御に関しては，ベンダは，前記修正により一括在庫引当処理の時間が短縮されたことによって，排他制御の問題も解消されたと主張する。しかしながら，たとえ短時間であっても，不要な場合に排他制御がかかってしまうことに変わりはなく，これについては，該当データのみをロックする手法を採用することにより解決できるはずであるというのである。以上によれば，前記各不具合が，ベンダによって修正されたとは評価できず，また，システム設計の根本的な構造自体を修正するものであって，容易に修正できる軽微な瑕疵であるとは到底言えない。したがって，本件各不具合のうち，少なくとも一括在庫引当処理および排他制御の問題については，これをもって，およそベンダが，ユーザに対し，システムを納入していないとまでいえるかはともかくとして，契約の目的を達成することのできない重大な瑕疵に該当するというべきである。

　システム開発におけるバグの除去は，あくまで第一次的には請負人の責任であり，当該システムの納入後，定められた期間内ないし一定の相当期間内に，当該システムが実用に耐えうる程度にまでなされるべきであり，注文者の指示による仕様の変更等であればともかくとして，少なくとも通常のシステムにおいて存在することが許されないような不具合については，注文者の指摘を待つまでもなく，請負人が当然に自ら是正すべきであり，注文者が当該システムに対する不具合を具体的に指摘できない限り，当該不具合が注文者の責任によって生じたものとして解除を制限することは許されないというべきである。

　そして，少なくとも上記の不具合は，通常，本件のようなシステムにおいて存在することが許されない重大な瑕疵にあたることは前記のとおりであり，本件各不具合について，ユーザの開発環境でのみ出現し，ベンダあるいはデータ・インの開発環境では出現しないというものではなかったというのであるから，たとえユーザの指摘がなくとも，まず，ベンダの側において当然に発見して，修正すべきものであって，これら不具合についてユーザから指摘がなかったからといって，これらが残存したことについてユーザに責任を負わせることはできず，ベンダの主張するように，民法636条の類推適用によってユーザの解除が制限される余地はないというべきである。

3　注文者解除権（民法641条）および任意解除権（民法651条）

　請負の場合には，注文者には，注文者解除権（民法641条）があり，準委任の場合には，委託者および受託者の双方に任意解除権（同法651条）がある。

　請負の場合，注文者であるユーザはベンダに生じる損害を賠償しなければならない（民法641条）。前記裁判例〈7〉は，民法641条に基づく損害賠償は，契約が解除されずに履行されていた場合と同様の利益を請負人に確保させる趣旨のものであるから，民法641条による賠償額の上限は，契約上の請負代金となるものとしている。

　準委任の場合，相手方に不利な時期に解除した場合，やむを得ない事由がない限り，相手方に生じた損害を賠償しなければならない（民法651条2項）。

　民法641条や同法651条2項に基づく解除に伴い，ユーザが損害賠償をしなければならない場合においても，ベンダに過失があれば，同法418条の過失相殺が類推適用される場合がある。前記裁判例〈7〉は，同法641条による解除の場合に，同法418条の過失相殺の類推適用を認めている。

　〈7〉再掲　東京地判平16・3・10判タ1211号129頁

取り上げる争点	注文者解除に伴う損害賠償に対する過失相殺の類推適用
判　旨	肯定 　ベンダは，ベンダに生じた懸案事項の解決の遅れ，技術面の検討作業の遅れ等，開発作業の遅れの一因を作るとともに，適切なプロジェクトマネージメントを欠いた点があったものである。また，ベンダの追加の委託料の負担の申入れは，最初の納入期限である同年1月をすぎ，最終納入期限である同年7月を控えてあるいはすぎてから行われたものであり，その内容も不相当なものであったと認められる。にもかかわらず，開発作業の遅れに伴う稼働時期のさらなる延期，多額の追加委託料の負担または開発規模の大幅な縮小に納得することができず，本件電算システムの開発を断念し，本件解除に踏み切ったユーザに対し，ベンダに生じた損害を全額賠償させるのは，著しく公平を失する。この点，民法418条は，債務不履行に関し債権者に過失がある

場合，裁判所は損害賠償の責任および金額を定めるにつき，これを斟酌することができる旨定めているところ，その趣旨とするところは，損害の発生または拡大につき過失のある債権者にも損害を分担させることにより，債権者と債務者間の公平を図ることにある。そうであれば，注文者が同法641条により請負契約を解除した場合においても，請負人にも損害を分担させることにより，請負人と注文者間の公平を図るのが相当なときは，同法418条を類推適用することができると解するのが相当である。本件についても，ベンダに損害を分担させることにより，ベンダとユーザ間の公平を図るのが相当であるから，同条を類推適用し，請負人であるベンダの事情を斟酌することとする。

第5節

損害賠償に関する論点

1　損 害 額

　通常生ずべき損害（通常損害）および当事者が予見すべきであった特別事情に基づく損害（特別損害）が相当因果関係の範囲内の損害として賠償請求の対象となる（民法416条）。

(1)　遅延賠償

　履行遅滞の場合，プロジェクトが遅延したことに伴う損害を遅延賠償として請求することが考えられる。典型的には，遅延により増大した分の経費を請求することが想定される。当該システムを利用できなかったことに伴う損害を1日当たりの機会損失として算定して請求することも考えられるが，価値の算定は困難な場合が多い。そこで，遅延賠償の算定方法をあらかじめ一義的に契約に定めておく例もある。この場合に留意が必要なのは，民法420条3項で，違約金は損害賠償額の予定と「推定」されていることである。そのため，遅延賠償について何らの留保もなく記載した場合には，損害賠償額の予定と推定され，これ以上の損害が生じたとしても，賠償請求ができないという結論になる可能性がある。ユーザとして，合意した額以上の遅延による損害が発生すれば，その分についてもベンダに別途賠償義務を負わせる趣旨であれば，その旨を明記しておくべきである。

　なお，遅延賠償について損害賠償額の予定を定めていたとしても，履行不能責任や契約不適合責任（瑕疵担保責任）についてまでは損害賠償額の予定をしたものではないため，これらについては別途損害賠償を請求することは可能で

ある。また，契約の履行請求や解除も特段制限されるものではない。

(2)　塡補賠償

　ユーザがベンダに請求することが想定される塡補賠償としては，たとえば，ベンダに支払ったが無駄になった業務委託費，ユーザが費やした人件費，ユーザが当該システムのために購入したソフトウェア・ハードウェアの代金，その他のプロジェクト関係の一切の経費等があり得る。ベンダがユーザに請求することが想定される塡補賠償としては，たとえば，ベンダ自身の人件費，下請ベンダに支払った委託料その他のプロジェクト関係の一切の経費等があり得る。遅延賠償は遅れたことによる損害のみが対象なのに対して，塡補賠償は，履行がなされなかったことによる損害全般を対象とする。

　履行不能の場合には，契約解除の有無を問わず，塡補賠償が認められることは問題がない[17]。もっとも，履行不能の有無は社会通念により判断されることになるが，その立証のハードルは高い。

　履行遅滞に基づき契約を解除した場合（民法541条の要件を充足する場合）にも塡補賠償の請求が認められることに争いはない。実務上も，塡補賠償を請求するような事例では，ユーザは契約を解除するのが通例であるし，訴訟に至ってから解除することもできるので，解除に伴う塡補賠償の請求がなされることが多い。

　旧民法下において，履行遅滞に基づく塡補賠償の請求にあたり，解除の意思表示を現にすることが必要かは論点となっており，大判昭8・6・13民集12巻14号1437頁によれば，相当期間を定めて履行を催告し，その期間内に履行がされない場合には，債権者は履行を拒絶して塡補賠償を請求できるとされていた。この判例に従えば，解除の意思表示を現にすることまでは不要であり，解除の意思表示以外の民法541条の解除の要件（催告，相当期間の経過，期間内に履行がされないこと）を充足すれば足りるものと解される。

　この点は，民法で，415条2項3号にも明文化されており，債務不履行に基づく解除権が発生していれば足りるものとされている。

17　最判昭30・4・19民集9巻5号556頁。

(3) 経　　費

　損害の範囲に含まれるか，実務上，しばしば争いになるものとして，ユーザおよびベンダがプロジェクトに参画させた人員の人件費がある。もっともベンダのユーザに対する請求の場合，債務不履行に基づく人件費の損害賠償請求という構成によらず，追加の開発委託（合意）に基づく報酬や商法512条に基づく報酬の請求として構成することも想定される。

　そこで以下では，ユーザがベンダに対して，ユーザが要した人件費について損害賠償請求をする場合について論じる。この場合，ユーザとしては，無駄なプロジェクトのために費やした人件費はすべて無駄な費用であったと主張する。他方，ベンダとしては，当該人件費は，システム開発の失敗がなくとも，当然にユーザが自ら負担すべき固定費であり，ベンダの債務不履行等と相当因果関係がないと反論することになる。

　過去の裁判例の傾向としては，当該プロジェクト以外の仕事にも従事している従業員の人件費については，請求が否定されることが多い。

　たとえば，以下の裁判例〈52〉，〈42〉がある。

〈52〉再掲　東京地判平21・7・31ウエストロー2009WLJPCA07318003

取り上げる争点	ユーザによる人件費の損害賠償請求の可否
判　旨	否定 　ユーザ従業員による会議への出席，質問への回答，ユーザ内部での検討，ドキュメントやプログラムのチェックは，本件システム開発においてユーザ側が通常行うべき業務・作業であり（ベンダは，請負契約である本件契約の請負人として本件システムを完成させる義務を負うものであるが，システム開発においては，建築等の請負契約とは異なり，その性質上，ユーザも，積極的にシステム開発に協力する義務を負うものというべきである），前記ベンダの債務不履行と相当因果関係のある損害とは認められない。

〈42〉再掲　東京地判平16・12・22判時1905号94頁

取り上げる争点	ユーザによる人件費の損害賠償請求の可否
判　旨	否定

　　　ユーザは，本件システム導入により，社員を一定時間他の目的に従
　事させることができたのであるから，その時間に相当する給与分が，
　本件システム導入の遅滞による損害であると主張する。
　　　しかしながら，これら社員の給与は，本件システム導入の如何にか
　かわらず，ユーザが当該社員を雇用している限り当然に支出すべき経
　費であり，たとえば本件システム導入によりこれら社員を解雇するこ
　とができたとか，これら社員が他の業務に従事することにより具体的
　に利益が得られた等のような特段の事情があればともかく，そのよう
　な立証のない本件においてこれを損害と認めることはできない。

　もっとも，当該プロジェクトのためのみの残業代や当該プロジェクトのみに
従事していた従業員の人件費については比較的損害として認められやすい。た
とえば，以下の裁判例〈33〉が参考になる。

〈33〉再掲　東京高判平26・1・15D1-Law28220149

取り上げる争点	ユーザによる人件費の損害賠償請求の可否
判　　旨	一部肯定 　本件新基幹システムの導入のため専従した業務改善推進部の従業員の人件費や，同部以外の従業員で，本件新基幹システムのみのために時間外労働をしたために支払われた手当の合計額は，2億674万6248円であったことが認められ，この金額から要件定義，外部設計段階のものを除いた平成18年11月1日以降のものは，1億4278万7149円であり，この金額が相当因果関係のある損害であると認められる。 　ユーザは，業務改善推進部以外の職員で，本件新基幹システムの導入のため，定められた業務比率に基づき従事したことによる人件費として，3億6403万8106円と算定していること，この金額から要件定義，外部設計段階のものを除いた平成18年11月1日以降のものについて，2億5659万2761円と算定していることが認められる。しかし，業務改善推進部以外の職員が実際に上記業務比率に従って本件新基幹システムの導入作業に従事したことを認めるに足りる客観的な証拠はないうえ，これら従業員の人件費はユーザの固定費として，本件新基幹システムの導入作業がなくともユーザにおいて負担すべき金額であったとも考えられるため，上記金額について，相当因果関係のある損害であると認めることは困難である。 　ユーザの従業員は，並行稼働テストのため，平均330名が32日間本件新基幹システムを使用したことが認められるものの，この間の1人

| | 当たりの従事時間が1時間であったことを認めるに足る客観的な証拠はないうえ，これら従業員の人件費はユーザの固定費として，本件基幹システムの導入作業がなくともユーザにおいて負担すべき金額であったとも考えられるため，上記金額について，相当因果関係のある損害であると認めることは困難である。 |

　以下の裁判例〈32〉でも，人件費の一部が損害として認められているが，納期遅延の原因がユーザにあった点を踏まえて，減額がなされている。

〈32〉再掲　東京地判平14・4・22判タ1127号161頁

取り上げる争点	ユーザによる人件費の損害賠償請求の可否
判　　旨	一部肯定 　ユーザは，ベンダによる本件システム開発における債務不履行によって，事務局の人件費として6311万58円の損害を被ったと主張する。 　ユーザは，Aらを本件システム開発におけるユーザ事務局として編成し，ユーザ事務局は，本件システム開発にあたって，ユーザの業務内容に関する説明，移行用データの作成，成果物の検収等の役割を果たしていたことが認められ，本件システム開発にあたって，ベンダに対するユーザの連絡役として，ユーザ事務局は不可欠の存在であったと認められる。しかし，ベンダとユーザとの間で，本件請負契約締結にあたって，ユーザが事務局を編成することが予定されていたとは認められないから，ユーザ担当者Aらが本件システム開発に従事したことにより発生した損害は，本件のようなシステム開発によって生じる通常の人件費であると解するのが相当である。また，ユーザ担当者BおよびCについては，本件システム開発に関連した業務のほかに，通常の業務を並行して行っており，本件システム開発に関連した業務に要した時間は，通常業務の4分の1ほどにすぎないことが認められる。そして，本件では，ユーザの業務改善の確定が遅れたことが納期遅延の原因であることに照らすと，本件システム開発に要した期間のすべてを基準として損害額を算定するのは妥当ではない。 　以上本件に顕れた諸事情に照らすと，ユーザが主張する事務局の人件費に関する損害のうち，300万円は本件システム開発における債務不履行と相当因果関係のある損害と認めるのが相当であるが，その余は相当因果関係のある損害と認めるに足りる証拠はないというべきである。

　前記のような人件費の請求を裏付ける有力な証拠としては，当該プロジェクトに費やした業務時間や予定等を記録した手帳やスケジュール管理表，残業の申告書における残業の内容の記録等が考えられる。

　人件費のほか，たとえば当該プロジェクトのために購入したソフトウェア・ハードウェアの代金（リースの場合はリース料）も，ユーザによる請求の対象になることがある。もっとも，現に，別のベンダによる新プロジェクトで，当該ソフトウェア・ハードウェアを流用したような場合には，当該ソフトウェア・ハードウェアの代金は，損害としては認められない。当該ソフトウェア・ハードウェアが流用されていない場合には，以下の裁判例〈42〉のように，システム開発にあたり必要であったソフトウェアおよびハードウェア等のリース代金が損害として認められることがある。

〈42〉再掲　東京地判平16・12・22判時1905号94頁

取り上げる争点	ユーザによるハードウェアのリース料の損害賠償請求の可否
判　旨	肯定 　ユーザは本件システム開発にあたり，ソフトウェアおよびハードウェア等のリース料をリース会社に支払っていることが認められるところ，本件システムが本件契約の目的を達しない重大な瑕疵があるものであり，そうすると，結局リース物件も無用であると言わざるを得ないものであるから，これもまたユーザの被った損害と認めることができる。 　ベンダは，リース料総額のうち，ハードウェア分に関しては，本件システムが仮に導入されないこととなっても，別のシステムを構築するか，同様のシステムを構築しさえすれば使用可能だったものであり，損害に計上すべきものではないと主張するが，ユーザは，本件システムが使用できないため，結局，従前のファイルメーカーを使用して業務を行っていたというのであるから，本件リース物件も不要であったというほかなく，これを他に流用したとか，それが可能であったと認めるに足りる証拠はない。

2　過失相殺

　ユーザ（ベンダ）からベンダ（ユーザ）に対する損害賠償請求の場合において，ユーザ（ベンダ）の側に過失がある場合には，過失相殺（民法418条）が認められる。過失相殺について，個別の主張をしていなくても，帰責事由の評価障害事実を主張することにより，過失相殺の基礎となる過失の評価根拠事実を主張していることになるため，裁判所が過失相殺をすることが可能である。

　過失相殺に関する裁判例については，プロジェクトマネジメント義務の項目（第3節⑤(4)）を参照されたい。

3　損益相殺

　損益相殺とは，損害を被ると同時に利益も得ている場合に，当該利益分について損害額から差し引くという法理である。

　システム開発の文脈では，失敗したプロジェクトで作成された成果物（要件定義書等）の対価相当額について損益相殺を認めるべきかがしばしば問題となる。たとえば，以下の裁判例〈43〉は損益相殺を否定している。

〈43〉再掲　東京高判平25・9・26金判1428号16頁

取り上げる争点	失敗プロジェクトで作成された成果物についての損益相殺の可否
判　旨	否定 • システム設計書については客観的価値を有するものと認めるに足りないとして損益相殺を否定した。 • 要件定義書についても，本件システムは，従来の邦銀システムとは異なる顧客中心のシステムの構築を目指したものであるから，別のシステムを構築する場合に設計思想が異なるなどすれば，その再利用を試みたとしても限界があるものと推認されるとした。要件定義書等の価値の評価についての実務慣行はなく，評価に一定の方式も存しないとしつつも，ユーザが負担した金額と第三者報告書による要件定義書の評価額を比較して差が殆どないことを理由に，ユーザが利益を得たとは認められないとして，損益相殺が否定されている。

　一般論として，上流の要件定義には問題がなく現に新プロジェクトで要件定義書が流用された場合には損益相殺が認められる可能性がある。他方，ベンダが変更された場合，新たなベンダが前のベンダの成果物を流用することは必ずしも多くないから，そのような事例では損益相殺が否定される可能性もある。

4 賠償責任の制限

(1) 損害賠償額の上限および賠償範囲の制限（間接損害，逸失利益，特別損害等）

　システム開発関係の契約では，損害賠償額の上限規定が置かれることが多い。経済産業省のモデル契約[18]でも上限額の定めを置くものが挙げられている。委託料相当額が上限とされることが多い。

　また，損害賠償の範囲についても，直接損害，通常損害に限定し，特別損害（予見可能性の有無を問わない），間接損害，逸失利益，付随的損害等を除外している例がある。

　これらの責任制限規定は，原則として，有効と考えられる。

　以下の裁判例〈54〉においても，責任制限規定の有効性が認められている。もっとも，同事件においては，例外的に信義則の適用により，制限額を超える賠償が認められている。

　〈54〉東京地判平16・4・26LLI/DBL05931845

事　案	ユーザがベンダに対しリース管理システムを構築する等の業務を委託したところ，その過程でベンダがユーザの従前のシステムプログラムを消失させたこと等を理由に主位的に，不法行為に基づく損害賠償請求をするとともに，予備的に，ベンダが契約の履行期限までにユーザの要求を満たすものを構築することができなかったこと等を理由に業務委託契約の債務不履行に基づく損害賠償を請求した事案である。
結　論	ユーザの請求を一部認容。

18　独立行政法人情報処理推進機構　経済産業省「～情報システム・モデル取引・契約書～（パッケージ，SaaS/ASP活用，保守・運用）＜第二版　追補版＞」（2020年12月）URL：https://www.ipa.go.jp/files/000087884.docx

取り上げる 争点	契約に定められた責任制限規定の解釈
判　旨	以下のとおりに解釈 　ユーザとベンダは，本件契約について，次の合意（本件特約）をした。 　ベンダの責めに帰すべき事由により，ベンダの債務を履行できなかった場合には，ユーザはベンダに対し，委託金額を上限として損害賠償を請求することができる。ただし，ベンダは，ユーザの間接的・派生的な損害については，一切の責任を負わない。 　本件特約は，一般論としては，コンピュータのプログラムに不具合が存在した場合，その損害がときには莫大な額になる危険の存することからすれば，その危険のすべてを請負人側に負わせることを防ぐ趣旨において，合理性のあるものと思われ，よって，本件において，そのすべてが，信義誠実の原則（民法1条2項）および公平の原則に照らし，また，民法90条に違反し，無効であると言い得る事情は認められず，また，前記認定のとおり，ベンダが本件業務に極めて杜撰な態様で携わったとまではいえない。 　しかしながら，ユーザ担当者は新システムの開発は，ベンダが3000万円から4000万円くらい要求してもおかしくない内容と考えていたこと，ユーザから追加変更の要望が相次ぎ，ベンダは追加分について請求する予定であったこと，ベンダは，新システム開発に関し，人件費として5000万円以上の損失を出していること，新システムについては，改めてヒアリングをした結果，ベンダが8500万円の見積りを出していることからすると，本件契約における契約金額は，低廉にすぎると思われ，したがって，損害賠償の上限を，追加部分さえ含まない本件契約における委託金額の500万円とすることは，信義公平の原則に反するというべきである。 　よって，本件特約については，ベンダが作成しようとしていたシステムの出来高を上限とし，また，ベンダは，ユーザの間接的・派生的な損害については，一切の責任を負わないという限度で有効と解すべきである。

　ただし，直接損害・間接損害や付随的損害については日本法に元々ある概念ではなく，その外延がはっきりしているわけではなく，いかなる損害がこれにあたるかについては争いになり得る。

　責任制限の範囲が問題となった事例として以下の裁判例〈43〉がある。

〈43〉再掲　東京高判平25・9・26金判1428号16頁

取り上げる争点	契約に定められた責任制限規定の解釈
判　旨	本件最終合意には責任制限条項として，ベンダに故意・重過失がない場合には，①現実に発生した通常かつ直接の損害に対してのみ，損害発生の直接原因となった各関連する個別将来契約の代金相当額を限度とすること，②いかなる場合でも，ベンダの責めに帰すことのできない事由から生じた損害，ベンダの予見の有無を問わず特別の事情から生じた損害，逸失利益，データ・プログラムなど無体物の損害，および，第三者からの損害賠償請求に基づく損害については，責任を負わないものとするとの定めがあった。 　しかし，ユーザが，当該ベンダ以外の第三者のベンダに払った費用については，当該ベンダとユーザの間の個別将来契約から派生したものではなく，別の法律原因に基づくものであるため，疑義のない文言により明記されていない以上，責任制限規定の対象外である。ベンダは，本件最終合意の責任限定条項を定めるにあたり，本件システム開発の性質，規模等に照らしてユーザが，ベンダとの契約のほかに，第三者との間のソフトウェア開発等に関する契約を締結することを当然に想定し，あるいは，これを認識できたのであり，ベンダが，前記想定，あるいは認識できた第三者との間で締結した契約等の費用についてすべて免責されることを意図するのであれば，その旨を疑義がない文言により明記する機会は十分に存した。

　賠償額の上限および賠償範囲の制限と過失相殺の適用順序は，どちらを先に適用するかで最終的な賠償金額が変わるため，争点になる。まず，賠償額の上限については，先に過失相殺を適用した後に賠償額の上限を適用している裁判例（前記裁判例〈9〉東京地判平26・1・23判時2221号71頁）がある。他方，賠償額の上限以外の賠償範囲の制限については，先に賠償範囲の制限を適用した後に過失相殺を適用している裁判例（前記裁判例〈43〉東京高判平25・9・26金判1428号16頁）がある。

(2)　故意／重過失

　契約上，ベンダに故意・重過失がある場合は，損害額の上限規定が適用されないことを明記している例がある。経済産業省のモデル契約[19]でもそのような

例が挙げられている。

　このような明記がない場合にはどのように考えられるか。

　契約に責任制限規定が置かれている場合であっても，違反当事者に故意がある場合には，責任制限規定は適用されないというのが通説である。また，違反当事者に重過失がある場合にも，責任制限規定は適用されないとの見解が有力である。

　比較的近年の裁判例としては，ホテルで発生した盗難被害について，ホテル側の故意または重過失がある場合には，宿泊約款に定められた責任制限規定が適用されないとされた事例がある（最判平15・2・28判時1829号151頁）。

　また，システム関連では，たとえば以下の裁判例〈9〉が，故意・重過失の場合に上限規定が適用されないことを認めている。

〈9〉再掲　東京地判平26・1・23判時2221号71頁

取り上げる争点	故意・重過失の場合の上限規定の適用有無
判　　旨	適用を否定 　ユーザは，ベンダに重過失がある場合には，本件基本契約29条2項は適用されないと主張するので検討する。本件基本契約29条2項は，ソフトウェア開発に関連して生じる損害額は多額に上るおそれがあることから，ベンダがユーザに対して負うべき損害賠償金額を個別契約に定める契約金額の範囲内に制限したものと解され，ベンダはそれを前提として個別契約の金額を低額に設定することができ，ユーザが支払うべき料金を低額にするという機能があり，特にユーザが顧客の個人情報の管理についてベンダに注意を求める場合には，本件基本契約17条所定の「対象情報」とすることで厳格な責任を負わせることができるのであるから，一定の合理性があるといえる。しかしながら，上記のような本件基本契約29条2項の趣旨等にかんがみても，ベンダ（その従業員を含む）が，権利・法益侵害の結果について故意を有する場合や重過失がある場合（その結果についての予見が可能かつ容易であり，その結果の回避も可能かつ容易であるといった故意に準ずる場合）にまで同条項によってベンダの損害賠償義務の範囲が制限されるとすることは，著しく衡平を害するものであって，当事者の通常の

19　前掲注(18)参照。

> 意思に合致しないというべきである（売買契約または請負契約におい
> て担保責任の免除特約を定めても，売主または請負人が悪意の場合に
> は担保責任を免れることができない旨を定めた民法572条，旧民法640
> 条参照）。

　一般に，故意とは，結果発生を認識・認容している主観的状態と解されてい
る。また，法人に関して故意・過失等の主観的状態を問題とする場合，履行補
助者の責任の法理または使用者責任（民法715条）の法理のいずれにおいても，
問題となる行為を実際に行った法人の構成員の主観を基準とするのが通常であ
る。

　この点，ベンダの側が，ユーザに損害を負わせるという結果の発生を認識・
認容していた（「確定的故意」があった）ということは，現実には極めて稀で
ある。結果発生の可能性を認識し，それを認容していたという「未必の故意」
を有しているということはあり得るが，実務上，裁判所がこれを認定できる
ケースも稀であろう。

　判例上，重過失とは，「通常人に要求される程度の相当な注意をしないでも，
わずかの注意さえすれば，たやすく違法有害な結果を予見することができた場
合であるのに，漫然これを見すごしたような，ほとんど故意に近い著しい注意
欠如の状態」を指すものとされており，重過失が認定される事例も多くはない
（最判昭32・7・9民集11巻7号1203頁）。

　例えば，前記裁判例〈50〉では，ベンダとして社会通念上明らかに講じなけ
ればならない対応策を怠ったと認めることは困難として，ベンダの重過失が否
定されている。

〈50〉再掲　東京地判平31・3・20ウエストロー2019WLJPCA03206001

取り上げる 争点	ベンダの重過失の有無
判　　旨	否定 　ベンダに重過失があるときは，信義則に照らして責任制限条項の適用が制限されると解する余地がないではない。 　しかし，本件開発業務は，大きなリスクを内在し，これを完遂することが相当困難なものとなっていた。また，コンピュータ・システム開発において，ベンダが変化する開発状況に応じて講じるマネジメン

ト策には様々な選択肢があると考えられ，その中で取るべきマネジメント策を一義的に定めることは困難であるから，その選択は，基本的にはベンダの裁量に委ねられると解さざるを得ない。そして，ユーザは，ベンダの重過失について，①WMおよび証券業務についての知識不足，②引継ぎに不備のある頻繁な要員の交代，③杜撰な進捗管理，④不正確・不十分な設計書，および，⑤杜撰な品質管理などを挙げるところ，確かに，ベンダが講じたマネジメント策の中には，その当否に疑義の残るものがないとはいえないが，本件全証拠によっても，ベンダが，通常のベンダとしての裁量を逸脱して社会通念上明らかに講じてはならないような不合理な対応策を取ったとか，ベンダとして社会通念上明らかに講じなければならない対応策を怠ったと認めることは困難である。そして，そのほかベンダの重過失を認めるに足りる証拠はない。

したがって，ベンダの重過失を理由として，責任制限条項の適用を争うユーザの主張は採用できない。

これに対して，以下の裁判例〈55〉は，従来の最高裁判例の考え方とは矛盾しないとしつつ，やや緩やかと思われる基準を採用して重過失を認めた（ただし，仮に上記最高裁判決の規範に立っても同様の結論であると付言されている）。

〈55〉東京高判平25・7・24判時2198号27頁[20]

事　案	証券取引所（被控訴人，1審被告）との間で取引参加者契約を締結している取引参加者（控訴人，1審原告）が，証券取引所が開設する市場において，A社の株式につき，顧客から委託を受けて，「61万円1株」の売り注文をするつもりのところを，誤って，「1円61万株」の売り注文をし，その後，取引参加者が本件売り注文を取り消す注文を発したが，証券取引所のコンピュータ・システムに瑕疵（バグ）があり，また，証券取引所が売買停止措置等をとらなかったため，上記取消注文の効果が生じなかったことに関して，証券取引所に対し，債務不履行または不法行為に基づく損害賠償等の支払を求めた事案
結　論	取引参加者の控訴棄却，証券取引所の附帯控訴に基づく原判決変更（取引参加者の証券取引所に対する請求の一部認容）。

---

[20]　最決平27・9・3裁判所HP〔平25年(オ)1869号・平25年(オ)1870号・平25年(受)2282号・平25年(受)2283号〕により上告棄却・上告不受理により確定。

取り上げる争点	重過失の有無
判　旨	システムのバグについては重過失を否定し，売買停止措置をとらなかったことについては肯定 　今日において過失は主観的要件である故意とは異なり，主観的な心理状態ではなく，客観的な注意義務違反と捉えることが裁判実務上一般的になっている。そして，注意義務違反は，結果の予見可能性および回避可能性が前提になるところ，著しい注意義務違反（重過失）というためには，結果の予見が可能であり，かつ，容易であること，結果の回避が可能であり，かつ，容易であることが要件となるものと解される。このように重過失を著しい注意義務違反と解する立場は，結果の予見が可能であり，かつ，容易であることを要件とする限りにおいて，判例における重過失の理解とも整合するものと考えられる。そうすると，重過失については，以上のような要件を前提にした著しい注意義務違反と解するのが相当である。
バグに関するあてはめ	①　本件売買システムの不具合は，逆転気配の契機となった一部約定対象注文を被取消注文として取消待ちとなる取消注文が入力されると，判定条件の誤りによって全部約定対象注文と判定され，被取消注文の検索・取消処理に至らずに取消注文の処理が終了してしまうというものであり，不具合の原因は本件バグにあるところ，証券取引所に重過失ありと評価するためには，本件バグの作込みの回避容易性または本件バグの発見・修正の容易性が認められることが必要である。 　②　現在においては本件バグの存在と本件不具合の発生条件が明らかになっているところ，その結果から本件バグの作込みの回避容易性等について議論する（いわゆる後知恵の）弊に陥ることがないように判断することが要請される。 　③　取引参加者の主張に沿う専門家意見書は，本件売り注文を取り消す注文が処理されなかったことの機序および原因が判明した後に，それを前提として作成されたものであるから，そのことを加味した証拠評価をすることになる。他方，証券取引所の主張に沿う専門家意見書も少なからずみられ，そのような双方の専門家意見書の証拠評価を試みた結果，本件においては，一定の蓋然性ある事実として，本件バグの発見等が容易であることを認定することが困難であったということに尽きる。 　④　本件不具合が複数の条件が重なることにより発生する性質のものであったことも，証券取引所において，結果の予見が可能であり，かつ，容易であったとの認定を阻むものである。

133

　また，前記裁判例〈9〉でも，前記裁判例〈55〉東京高判平25・7・24判時
2198号27頁と同様に，「その結果についての予見が可能かつ容易であり，その
結果の回避も可能かつ容易であるといった故意に準ずる場合」が「重過失」に
あたるとした。同事件では，ベンダが専門業者として高度の注意義務を負うも
のとして，仕様書等に明記されていなかったセキュリティ措置を講じなかった
ことをもって，ベンダの重過失が肯定されている。

〈9〉再掲　東京地判平26・1・23判時2221号71頁

取り上げる争点	ベンダの重過失の有無
判　旨	肯定 　ベンダは，情報処理システムの企画，ホームページの制作，業務システムの開発等を行う会社として，プログラムに関する専門的知見を活用した事業を展開し，その事業の一環として本件ウェブアプリケーションを提供しており，ユーザもその専門的知見を信頼して本件システム発注契約を締結したと推認でき，ベンダに求められる注意義務の程度は比較的高度なものと認められるところ，SQLインジェクション対策がされていなければ，第三者がSQLインジェクション攻撃を行うことで本件データベースから個人情報が流出する事態が生じ得ることはベンダにおいて予見が可能であり，かつ，経済産業省およびIPAが，ウェブアプリケーションに対する代表的な攻撃手法としてSQLインジェクション攻撃を挙げ，バインド機構の使用またはSQL文を構成するすべての変数に対するエスケープ処理を行うこと等のSQLインジェクション対策をするように注意喚起をしていたことからすれば，その事態が生じ得ることを予見することは容易であったといえ，また，バインド機構の使用またはエスケープ処理を行うことで，本件流出という結果が回避できたところ，本件ウェブアプリケーションの全体にバインド機構の使用またはエスケープ処理を行うことに多大な労力や費用がかかることをうかがわせる証拠はなく，本件流出という結果を回避することは容易であったといえる。

　このように，依然として重過失の認定のハードルは高いが，ベンダとしては，
システム開発の専門家として知っていて当然というべき点については重過失が
認められる可能性があることに留意すべきである。逆に，ユーザとしては，ベ
ンダの責任が免責あるいは限定される規定が契約に置かれていても，さらに進

んでベンダの重過失の有無を問題とする余地が生まれている状況にあると言える。

(3)　責任制限の適用対象

　責任制限の適用対象について，経済産業省モデル契約[21]のように，「債務不履行（契約不適合責任を含む。)，不当利得，不法行為その他請求原因の如何にかかわらず」と明記している例があるが，明記がない場合にどのように解するか問題となる。

　判例上，契約上の責任制限規定は，当該規定を定めた当事者の合理的意思解釈により，債務不履行のみならず，不法行為の場合にも適用されると解されている（最判平10・4・30判タ980号101頁，前記裁判例〈55〉東京高判平25・7・24判時2198号27頁，前記裁判例〈43〉東京高判平25・9・26金判1428号16頁)。

21　前掲注(18)参照。

第 2 章

紛争段階ごとの必要な対応

　紛争は，いきなり裁判の形で始まるわけではない。特にシステム開発訴訟については，システム開発プロジェクトに一生懸命取り組んでいるうちに，段々と雲行きが怪しくなり，紛争に突入していくケースが多い。そのような事例では，「平時」と「有事」の境界線はあいまいであり，紛争を回避するためには，むしろ「平時」の管理が重要となる。また，不幸にして「有事」に突入してしまった場合にも，交渉・裁判をなるべく自社に有利に展開するためには，早い段階からの心構えが重要になる。

　本章では，このような紛争の段階ごとに，その局面で必要となる考え方と行うべきことを具体的に説明する。

第 1 節

紛争発生前の対応

1 平時の管理

　何よりも大切なことは，システム開発プロジェクトが無事に成功することであるから，ユーザもベンダも，平時の管理に力を注ぐべきである。平時においてはプロジェクト自体を前に進めるために行うべき仕事の量が多く，管理に割く時間や労力は煩わしいものであり，そのための人員や費用は無駄と思われがちであるが，有事が発生してから投入を強いられる時間・労力・費用よりもはるかに少なく，建設的である。

　ここでの最大のポイントは，「システム開発プロジェクトとは，失敗して大損害を発生させる危険を伴うものである」という強い危機意識を，すべての関係者が最初から共有することである。経験豊富なベンダであれば，過去に多かれ少なかれ痛い目に遭ってきているから，経験的にこのような感覚を有していることが多い。しかし，特に中小規模のベンダで，幸運にも今まで大きな失敗を経験したことがない会社の場合は，管理に力を使わず，芳しくない事態が起きたとしても「根性で何とかする」という体質のところが少なくない。ましてや，システム開発を本業としないユーザの場合は，システム投資を決定して金さえ出せば期待通りのシステムが手に入ると無邪気に考えているケースが多い。ユーザ内でも，現場でベンダの担当者とともに開発作業に従事するシステム部門のメンバーは，開発プロジェクトのリスクを理解しているかもしれない。しかし，実際にそのシステムを使うことになる現業部門の担当者も，財務・経理部門の担当者も，もちろん法務担当者も，また役員や社長も，等しくそのリスクを理解していなければならない。そのような危機感の共有があってこそ，は

じめて次に述べる実効的な管理体制・協力体制を敷くことができるのである。

　平時の管理項目にもいろいろなものが考えられるが，ここでは，過去の紛争事例の経験から筆者が特に重要と考える3点に絞って留意点を述べる。

(1)　プロジェクト開始時の実行可否判断

①　ユーザの視点から

　ユーザは，プロジェクト開始時に，そのプロジェクトの目的と優先順位を明確にしたうえで，目的達成のために十分な時間・予算・人員の割り当てを行うべきである。システム開発プロジェクトが失敗してトラブルになった事例を見ていると，最初からユーザの要求のどこかに無理があったというケースが非常に多い。むしろ，プロジェクトが始まった後には不測の事態が生じる可能性があるから，予備の期間・支出・人員について最初から下準備をしておくべきである。もちろん，時間も予算も人員も無尽蔵に使えるものではないから限界があるが，その場合はリスク軽減のため，達成目標の要求を下げることを検討すべきである。とにかく，「ないものねだり」にならないよう，プロジェクトの実行可能性の判断にあたっては慎重な考慮が求められる。担当ベンダのレビューを受けることはもちろん，特に大型のプロジェクトでは，第三者のシステム・コンサルタントを用いて，客観的・中立的な立場から，プロジェクト開始前に，プロジェクトの実行可能性についてのレビューやアドバイスを受けることも検討すべきである。ベンダを叩いて無理な要求を通せばよいというものでもない。単なる物品の調達とはわけが違うのである。ベンダが耐え切れずにプロジェクトが失敗に終われば，必ずユーザにも相当の損害が発生する。その時になってベンダを怒鳴りつけてみても，半分は自業自得である。

②　ベンダの視点から

　ベンダは，ユーザの作成したRFP（Request For Proposal／提案依頼書）やユーザから聴取した要望に応じてプロジェクトの提案や報酬の見積りを行うのが通常である。提案・見積りそのものは契約ではないが，その後に締結される契約の内容はそれらを敷衍したものになるのが普通であるし，契約の解釈においても提案・見積りの内容は重要な役割を果たすから，ベンダは，本来，提案・見積り段階でプロジェクトの実行可能性について厳しく吟味すべき立場に

ある。しかし，他のベンダとの競争もあり，社内的な売上目標達成のプレッシャーもあることから，直接の担当者では見通しが甘くなりがちである。少なくとも一定規模以上のプロジェクトについては，社内の審査委員会，リスク管理委員会など，別組織のスクリーニングを受ける体制を構築すべきであろう。ユーザについて述べたのと同様の理由から，ベンダも，何でも受注すればよいというものではない。受託したプロジェクトが迷走したあげくに失敗した時のダメージは，ユーザよりもベンダのほうがはるかに大きいことが多い。また，今日では，ベンダがユーザに対しプロジェクトの各段階に応じて正確な情報を提供する法的義務（いわゆる「プロジェクトマネジメント義務」の一内容）を負うという解釈が一般的になりつつあるため，ベンダはユーザに対して，プロジェクトの成功可能性について誠実な見込みを伝える必要がある。この見込みがいい加減なものであったとすれば，たとえ契約締結前といえども，ベンダは信義則上の責任を負う可能性がある。

③　両者の視点から

　以上から，開発すべきシステムの要件が十分に明らかになっていないのにシステム完成までの納期と費用を定めて一括請負契約を締結することは，ベンダはもちろんのこと，ユーザの立場からも避けるべきである。このような契約を締結するベンダは，とりあえずユーザの社内を通しておいて，後で工程が膨らんだら変更契約で追加費用を請求するという期待を有しているのが通常である（そのような協議条項を契約に定める例も多い）。ところがユーザとしては，すでにベンダが完成義務を負っている以上，追加の支払や納期延長に応じなければならない契約上の義務は認識しづらく，当初の予算と納期に固執するから，必然的にベンダと衝突する。この場合，ユーザ側の関係者がベンダの説明により当初契約の納期と費用でシステムが完成すると信じていたのであれば，ユーザ側の関係者はミスリードされているのであって，ベンダの態度は不誠実である。また，逆に，ユーザ側の担当者がベンダから納期・費用が現実的でないという本音を告げられていたにもかかわらず，それを黙殺して社内に十分説明していなかったのであれば，ユーザ側担当者の態度が不誠実である。いずれのケースなのかは，事が起こった後から客観的な証拠により確定することは難しいことが多く，ユーザ，ベンダ双方の担当者の社内的な保身の動機も入り混

じって，互いに相手が悪いという深刻な水掛け論に発展する。このような結末が目に見えているのであるから，ユーザとしてもベンダとしても，最初から，ベンダが守れるはずのない約束などすべきではないのである。

　このような場合は，要件定義の工程のみを切り出して準委任の別契約とし，基本設計（外部設計）以降の工程については要件定義の結果をふまえて別途見積りとすることが，ベンダおよびユーザの双方にとって必須であろう。もちろん，要件定義が終わっても，基本設計（外部設計）の結果によりその後の工数がさらに大きく変動する可能性があるのであれば，詳細設計（内部設計）以降をさらに別見積りとすることも考えられる。近時，多くのベンダが採用している多段階契約は，この意味では非常に合理的な側面を有している。

(2)　契約条件の明確化

①　ユーザの視点から

　ユーザ・ベンダ間の業務委託契約にあたっては，（ユーザが官公庁であり所定のひな型を用いざるを得ない場合であったり，ベンダが零細企業でありユーザに圧倒的な交渉力があるなど特殊な場合を除き）ベンダから提示されたひな型に基づいて契約を締結することが多い。ベンダから提出されたひな型を単に丸呑みして，事務的に契約を締結するユーザも多い。もちろん，ひな型に定められた契約条件にユーザが修正要求を出して交渉が行われることもあるが，ベンダは，一般にひな型の修正に対して否定的である。ユーザが要望を出し，ベンダがその多くに抵抗するというやりとりを繰り返している間に時間が経過し，ベンダが契約を締結できなければ作業に着手しない，そうなれば納期に間に合わせることはできない等と言い出し，ユーザがやむなくベンダのひな型を丸のみして契約締結に至る例も見られる。

　大きなプロジェクトであれば，ユーザは複数のベンダに対してRFPを提示して提案を求め，相見積りをとって慎重なベンダ選定手続を行うのが通常である。そこでは，ベンダの実績・経験や技術力，財産的信用力などが吟味され，見積金額の大小とともにユーザ内部で厳しい比較検討にさらされる。ところが，この段階で各ベンダに対して契約書を提示させ，契約条項の優劣を吟味しているユーザは非常に少ない。ましてや，この段階でベンダが提示した契約条項の

修正交渉を行ったり，ユーザ側から契約内容を指定したりするユーザは皆無に近い。

　しかし，本来ユーザ側が最も大きな交渉力を持っているのは，ベンダが1社に絞られていないこの段階である。複数ベンダを競合させて選定している段階で契約交渉を行わずに，ベンダの選定が完了した後に契約の話を始めたのでは，ユーザの交渉力は失われてしまう（もちろんケース・バイ・ケースであり，その後も継続的な発注が見込まれる大規模金融機関や，大手メーカーなどのユーザは別である）。この単純な事実に気づいていないか，あるいは気づいていても契約実務を改善しようとしないユーザは非常に多い。小規模な開発案件であればともかく，何十億円，何百億円という金額に上る重大プロジェクトについては，契約交渉プロセス自体に法務部門や弁護士を最初から関与させ，一方的に不利な条項をのまされるという事態は極力避けるべきであろう。これは，ユーザの内部統制システム（リスク管理体制）の問題でもある。

②　ベンダの視点から

　ベンダが損害を被る第1の類型は，ユーザとの契約がきちんと締結できていないのに現場で作業（いわゆる「先行作業」）を進めてしまうケースである。このような事態は，プロジェクトの最初の段階で発生することもあるし，途中の段階でも，必要な個別契約の締結がずるずる遅れるという形で発生することがある。相当の工数をかけて作業を行った後に，万一何らかの理由でユーザと契約が締結できなくなった場合，ベンダは投下コストの回収について深刻なトラブルに直面する。また，契約交渉を行うにしても，並行して開発作業が進行していればユーザは契約締結を急ぐ理由がなくなるから，ベンダの交渉力は低くなる。このように，先行作業はベンダにとって良いことは何もないので極力避けるべきであるが，ユーザとの関係でやむなく行わざるを得ないときは，法務部門と相談して可能な限りの自衛策を講じるべきである。たとえば，内示書，依頼書その他ユーザが担当部門限りで発出し得る文書の提出を求めることや，それも無理な場合にはメール等でベンダが先行作業を開始するにあたって前提としている事項について確認を求める等の方策が考えられる。

　ベンダが損害を被る第2の類型は，契約書その他の関連書類の中で，ベンダにとって肝心な部分を明確に表現できていないというケースである。特に請負

型の契約の場合，どのような物を完成させれば契約上の義務を果たしたことに
なるのかは，ベンダにとってきわめて重大なポイントである。契約上の義務と
して最低限「やらなければならない」ことと，義務ではないがサービスとして
事実上「やってあげる」ことは，明確に区別できるようにしておかなければな
らない。

③　両者の視点から

　これまでに発生したシステム開発訴訟の事例を見ても，契約書にあらかじめ
そのような事態を想定した明確な条項が置かれていれば，裁判で何年も争うよ
うな事態にはならなかったと思われるものが多い。ユーザにとってもベンダに
とっても，紛争にかかるコストは本来全く無駄なものであるから，あらかじめ
さまざまな場合を想定して契約条項を精緻かつ明確に定めておくことは，双方
にとって利益のあることである。その認識に立ったうえで，個々の条項をいか
に自己に有利な内容とするか，あえて不明確なままで残しておくか等は，契約
交渉戦術の問題である。ここでもまず重要なことは，ユーザとベンダが互いに
認識の溝を埋め，真の共通理解（合意）に至ることであるが，同時に，その共
通理解（合意）の内容を正しく，漏れなく契約書に表現するという技術的な部
分も非常に大事である。その巧拙により，紛争の結果が大きく左右されてしま
うことも稀ではない。

(3)　プロジェクト管理

①　ユーザの視点から

　ほとんどのケースでは，ユーザはベンダを選定して契約を締結すると，その
後のプロジェクトの進行については，その大部分をベンダの指示に委ねること
になる。ベンダは専門的知見を有する業者であり，だからこそユーザは高額な
料金を支払ってベンダに開発を委託しているのであるから，ある意味それは当
然である。「プロジェクトマネジメント義務」がベンダに課されるのも，この
ようなユーザとベンダの基本的関係があるからである。しかし，だからと言っ
て，ユーザがシステム開発に関して全く無知であってよいということにはなら
ない。結果的にうまく行かず，頓挫したプロジェクトでは，ユーザがシステム
開発という仕事に対してあまりにも無理解で，各フェーズで自己が行うべきこ

とをきちんと認識できずに重大な阻害要因を引き起こすことが非常に多い。

　このような事態が生じると，法的責任の帰趨以前の問題として，プロジェクトが失敗すること自体がユーザにとって大きな不幸である。また，法的責任の問題としても，ユーザの「協力義務」違反と評価され，ユーザに全責任があると判断されるおそれがあるし，そこまで行かなくとも相応の過失相殺が認められることになる。

　したがって，ユーザとしては，ベンダを信頼してプロジェクトの進行を託しつつも，自己の側もシステム開発に関する一定の知見を保持するよう努め，ユーザ側の作業（特に，システムを実際に使用する現業部門とのコミュニケーションや業務要件の整理等）を積極的にこなすとともに，大規模なプロジェクトでは，節目ごとに進行状況の評価（監査）を行うなど，能動的なプロジェクト管理を行うことが望ましい。ユーザ自身にそのような管理を行う能力，人的資源がないのであれば，ここでも，第三者のシステム・コンサルタントを活用することが考えられる。

　もちろん，多くの裁判例や類書が指摘するようにシステム開発はベンダとユーザの協働によって行われる作業であるから，ベンダから提出を要請された資料，情報，データ等をなかなか出さないとか，ベンダから決定するよう依頼された事項を決定せず先延ばしにする，後でころころと変更するなどという行為は，論外である。立場の弱いベンダの担当者に対してパワハラまがいの態度で接するなどということも許されない（特に近時の裁判例では，ユーザ側の担当者にこのような要因が生じている場合にこれを厳しく評価する傾向がみられる）。前記で述べているユーザの関与は，このような当然のレベルはクリアしたうえでの話である。

　②　ベンダの視点から

　ベンダの側では，自己が「プロジェクトマネジメント義務」を負っていることを認識できていないか，認識が甘いケースが多い。また，仮にベンダのマネジメント層や法務担当者がそのような認識を有していたとしても，実際に作業にあたるエンジニア（マネージャーから末端の担当者まで）に共有されていないケースも多い。契約形態が請負であろうと準委任であろうと，ベンダが専門的知見を有する業者であり，ユーザから委託料を受領して業務を行っていると

いう基本的な関係は変わらない。したがって，ベンダはプロジェクトの進行を主導すべき立場にあり，ユーザ側の適時適切な関与という点も含めて，プロジェクト進行の阻害要因を発見した場合は，それを取り除くよう最善の努力を尽くさなければならない。そうであるがゆえに，ユーザが全面的に悪いと言えるようなあからさまな「協力義務」違反の事例を除けば，プロジェクトで起こったことの責任は，（少なくともその一部は）ベンダにあると判断されることが多い。

　たとえば，ベンダは，ユーザから必要な資料や情報が提供されないためにプロジェクトの遅延が見込まれる場合，適時適切に資料・情報を提供するようユーザに働きかけなければならない。また，ユーザが意思決定を遅らせたり，一度決めた仕様をたびたび変更したりしてプロジェクト進行に支障が生じる場合は，仕様変更を行って期限を延長するか，変更前の仕様で期限内に完成させるかを，ユーザに明確に選択させなければならない。ユーザがベンダから見て身勝手な態度をとっている場合は，それを改めさせるよう努力しなければならないし，プロジェクトの途中で完成が困難なことが見込まれた場合は，プロジェクトの中止という選択肢を含めて進言することを検討すべきと言える。ベンダは，ユーザとの契約関係が続いている限りは，ユーザの不始末を含めて面倒を見なければならない立場にあるのである（ベンダからそのように明確なインストラクションがあったにもかかわらず，ユーザがそれに従わなかった場合は，ユーザの明らかな協力義務違反である）。

　もちろん，ユーザにもいろいろなタイプがあり，ユーザ側の担当者の能力もさまざまであるから，ベンダが（営業的な配慮も含めて）ある程度それに合わせるという要素が存在することは否めないが，いかなる場合でも，ベンダがユーザに対して完全に消極的・受動的な立場に立ってはならない。このようなケースは，ユーザの担当者の発言力が強い（対して，ベンダの担当者の発言力が弱い）場合に起こりがちであるが，ユーザが主体的に作業を進めているように見える場合であっても，ベンダの担当者は，ユーザが行っている作業の内容に問題があり，あるいはユーザの認識に誤りがある場合には，いつでも躊躇なくこれに介入し，自らが正しいと信じるところを説かなければならない。ベンダがこのように重い内容の「プロジェクトマネジメント義務」を課されている

ことにかんがみると，ベンダの担当者（特にプロジェクト・リーダー格のエンジニア）の資質として，専門家としての矜持とリーダーシップを持ち，必要な時にはユーザに対して，きっちりとモノを言える人物であることが必要である。ベンダは，社内の人材育成にあたっても，この点を強く意識すべきであろう。

③　両者の視点から

　以上に述べたところから明らかなとおり，理想的なプロジェクト管理とは，ベンダがプロジェクトを主導する者としての自覚を持ち，自己の仕事を手抜かりなく行うことはもちろん，ユーザの関与についても常に目を配るとともに，ユーザもプロジェクトのオーナーとしてすべてをベンダ任せにするのではなく，積極的にプロジェクトの進行状況を把握し，監視するという協働関係が成り立った場合に達成される。言われてみれば当たり前のことであるが，結果的にプロジェクトが失敗してトラブルになっている事案は，ユーザ，ベンダ，またはその双方に何らかの問題があってこのような協働関係が機能しなかったケースが非常に多い。当初はうまく行っているように見えても，長期にわたるプロジェクトにおいて，常にこのようなバランスを保ち続けてゴールまで走り抜くのは案外に難しい。

　どのようなチームプレイにも言えることであるが，互いの立場を尊重する態度が肝要である。その意味では，少なくとも現場の担当者レベルにおいては，相手方に何らかの失策があったとしても，互いにそれを糾弾するのではなく積極的にカバーすることを心がけるべきである。他方で，プロジェクト・リーダーとなるマネージャークラスの担当者や，管理部門の担当者，あるいはプロジェクトを統括する役員クラスの者は，そのように爽やかな対応ばかりを行ってもいられない。工程表や各種ドキュメントの作成・更新・レビュー，工程の節目ごとのテスト・品質管理といった通常のプロジェクト管理手法がきちんと実践されているかを見張りつつ，何かプロジェクトの障害となる事態が生じた場合には，速やかに適切な対応をとるとともに，いつ，いかなる原因で，何が起こり，その影響範囲がどの程度のものかという点について，克明に記録を残しておくべきである。

　記録の残し方についてもさまざまな工夫があり得る。プロジェクトの過程で作成される各種の議事録は，後に訴訟になった場合にも有力な証拠となる。特

に，ユーザ，ベンダの双方に共有されている議事録は，たとえ相手方の承認印などがなくとも，価値の高い証拠として事実認定の根拠とされることが多い。ユーザ，ベンダのいずれも，自己が作成する議事録の内容・表現には十分な注意を払うとともに，相手方が作成した議事録には必ず目を通して，事実と異なる記載や意味内容を誤解した記載，ニュアンスに違和感のある記載等がなされている場合には，メールなどの証拠に残る形で修正を求めるべきである。

2 有事の心構え

　不幸にしてシステム開発プロジェクトが計画どおりに進まなくなってきた場合，有事対応に移行しなければならない。この面においては，ユーザもベンダも，（具体的な対応内容は立場や契約内容等によって異なるが）基本的な心構えは変わらない。ここでも，3つのポイントを挙げる。

(1)　平時と有事の境界線
　まず，どこからが有事なのかという線引き（認識）の問題がある。訴訟等のきわめて深刻な紛争になれば，経験上，紛争解決のために膨大なコストがかかることからすれば，プロジェクトに綻びが生じたかなり初期の段階から，最低限の有事対応を実行したほうがよい。たとえば，①作業がすでに開始されているにもかかわらず必要な契約の締結が予定通りに進まない時，②プロジェクトに複数のベンダが参加している場合において，他のベンダの遅延・粗悪な品質等により自己の作業に支障が生じている時，③プロジェクトに参加している人員の数的不足・能力不足等が明らかな開発阻害要因となっている時，④プロジェクトの各フェーズで納期の遅延が生じた時（遅延が生じることが確実になった時）などは，現場のエンジニアだけでなくプロジェクト・マネージャーが積極的に関与して問題を解決する，それも難しい場合には管理部門の要員が解決や交渉をサポートする，それでも解決できない場合はハードな交渉，ひいては法的紛争をも見据えた準備を開始するといった対応を，問題のレベルに応じて機動的にとることが肝要である。つまり，平時と有事の間にはっきりとした白黒の境界線を引くのではなく，1つのグレースケールの上で徐々にトラブ

147

ルの度合いが濃くなっていくという認識を持ち，それに応じて対応のレベルも上げていくという連続性・柔軟性を持った対応をとることが望ましい。もちろん，プロジェクトの規模・金額・リスクなどによってさらに重要度（深刻度）に差を設け，とるべき対応にメリハリを付けることは差し支えない。

(2)　有事発生を早期に察知するための体制整備

　前記のような対応を機動的にとるためには，何よりも，情報の共有が重要である。現場の最前線の担当者が最初に有した危機感を，プロジェクト・マネージャーが共有し，管理部門が共有し，必要に応じてマネジメント層が共有するといった情報の流通を円滑にすることにより，はじめて適切な対応を機動的にとることが可能となる。

　ところが，ここで注意すべきことは，プロジェクトに参画する個々の人員は，必ずしも自己の携わっている作業の進捗に関するネガティブな情報を，積極的に共有する意欲にあふれているわけではないということである。プロジェクトがうまく進んでいないことを隠そうとするモチベーションが働かないよう，あるいは，そういったモチベーションが情報の円滑な共有を阻害することのないよう，さまざまなソースから正確な情報が共有されるような体制を構築すべきである。

　たとえば，個々の要員がプロジェクト・マネージャーやリーダークラスに対して要望や懸念を上げられる「目安箱」を設ける，よりカジュアルに情報共有ができる社内SNSを設ける，内部通報制度を設けるといった工夫があり得る。また，一定の基準にヒットしたプロジェクトに対しては，プロジェクトの要員とは別の内部監査チームが第三者の目から監査を行うことも考えられる。

(3)　有事に対するスタンス

　有事対応を行うにあたってまず必要なのは，プロジェクトのトップ・マネジメント層自身が有事であることを冷静に認識し，それを直視することである。当たり前と思われるかもしれないが，これができていないケースが意外に多い。紛争を嫌い和を尊ぶという日本的な文化の問題なのか，自分の所管内で有事を発生させたことによる失点を恐れるのか，はたまたプライドが邪魔するのか，

原因はさまざまであるが，有事であることを認めたがらないのである。こうしたトップは，相手からの法外な要求に対して，「営業対応」と称する過大な譲歩を重ねたり，逆に，法的に通る見込みのない要求を頑強に主張したりする。結果的に，そのような対応による解決がたまたまうまく得られれば万事事なきで済むのかもしれないが，それは危険な賭けである。特に，コンプライアンスの考え方が広まった昨今の社会では，大きな紛争においてそのような解決が得られることは期待し難い。不合理な対応を重ねた末に，結局解決できずに法的紛争に突入すれば，大きなハンデを背負うことになる。

　有事が発生した時ほど，その規模が大きいほど，トップは冷静かつ合理的な考え方に徹することが重要である。まず自社の法的なポジションを確認し，それを前提に，現時点から将来に向かっての獲得目標と優先順位を明確に定めるべきである。次に，相手方との交渉を行い，必要な主張と譲歩によって解決を目指す。事案によっては，現実的に想定し得る最善のシナリオでも自社に損失が発生する場合もあるが，そのような場合でも，より巨大な損失が回避できてよかったと考えるべきである。有事に至り，自社の法的ポジションがすでに不利になっているのであれば，そこをスタートラインとして落とし所を考えなければならない。失ったポジションを無理に取り戻そうとして傷口を広げる愚は避けるべきである。まずは風邪を引いたことを認めなければ，風邪の治療はできないのである。

　よく取りざたされるベンダの「謝罪」の問題もここに位置付けられる。「謝罪」にはさまざまな意味合い，レベルがあるが，ベンダとしては，ユーザとの間で真剣なビジネス上の関係に立つ以上，しかも担当しているプロジェクトが有事にさしかかっている以上，慎重な使い分けをしなければならない。たとえば，ベンダの担当者がある期日までに送ると約束していた資料の送付を失念したため，次の日になってしまった場合に，「遅くなってすみません」とメールの冒頭で軽く謝る。これも謝罪である。このような謝罪は，ユーザとの信頼関係を高めてチームプレイを円滑にするために有益なことも多いであろう。しかし，システムを納期までに導入できなかった場合に，同様の感覚で「多大なご迷惑をおかけし，申し訳ありません」と気安く謝ってはならない。法的な検討を経ても納入遅延の原因が100％自己の側にあると確信しているのであれば別

であるが，そのようなケースは通常少なく，ユーザ側にも原因があることが多い。「謝罪」は，直接何らかの法律効果を生じさせたり，事実認定や評価の決定的証拠とされたりするものではないが，争点となり得る事項についてベンダが何の留保も付けずに「謝罪」することは，裁判官の心証形成や和解交渉の場面において悪い影響を及ぼすことが多い（もっとも近時の裁判例では，顧客に対する営業上のへりくだった対応と，法的責任の認識とを冷静に区別して認定しようという傾向がみられる）。

問題発生から法的手続までの対応

1 プロジェクトの調査・分析を行う段階

(1) 基本的な考え方

システム開発プロジェクトに「有事」と認識される問題が発生した場合，迅速なアクションをとるべきである。具体的には，当該プロジェクトを調査し，評価し，自社の置かれているポジションを分析する必要がある。

ここでの目的は，何が起こっているのか，今後どうなる可能性が高いのかを，客観的に把握することである。後述する理由から，この「客観的に」というのが意外に難しい。物事を多面的に見ながら調査・分析を進めることが重要である。

(2) 具体的なアクション

① 関係者のヒアリング

まず行うべきことは，プロジェクトに携わっている関係者からのヒアリングである。ヒアリングは，プロジェクトの評価を行える技術部門の者と，法的なポジションの分析を行える法務部門（管理部門）の者が共同で行うのが望ましい。

技術担当については，比較的大きなベンダであれば，問題が発生したプロジェクトの監査を行う専門部隊を有しているかもしれない。それがなくとも，プロジェクトの評価を行える要員を社内で見つけることは比較的容易であろう。これに対してユーザは，プロジェクト監査専門の部隊など通常有していないから，誰をヒアリングにあたらせるかが問題となる。一案としては，内部に開発経験の豊富なシステム部門を有していれば，その要員をヒアリングに携わらせることが考えられる。しかし，そのような部門が存在しなかったり，あっても

他プロジェクトのヒアリングにあたらせるような人的余裕がない場合は，外部のシステム・コンサルタント等を起用することも考えられる。

　法務（管理）担当は，法務部や総務部等，社内で法務を担っている部署の担当者が務めるのが通常である。社内に適任者がいない場合，ヒアリングから弁護士が関与することもある。その他に，会社の事業遂行の中で当該プロジェクトが占める位置付けの重要性によっては，内部監査部門がヒアリングに加わることもあり得る。

　ヒアリングの対象者には，問題となっているプロジェクト全体のプロジェクト・リーダーや，問題が生じている部分のサブ・リーダー等のキーマンはもちろん，末端に近い開発担当者も複数含めるべきである。プロジェクトに人事労務管理，あるいは人心掌握やハラスメントといった問題が生じているケースも少なくないからである。なるべく歯に衣着せぬ物言いをするタイプの者を選び，ベテランのみならず，若手も選ぶなど，人選も多角的にする。そのうえで，各人が何を話したかを現場の同僚に知られることをおそれて本音で話せないことを防ぐために，個別にヒアリングを実施したほうが早期にプロジェクトの実情をつかみやすい。

　ヒアリングの内容としては，最初にプロジェクト全体の流れを時系列に沿って俯瞰し，プロジェクトで生じている問題の概要およびその発生経緯を把握する。そのうえで，個々の問題の具体的な内容やその原因に切り込んでいき，詳細化していく。往々にして，1つのプロジェクトで多数の問題が複合的に生じている場合もあり，また1つの問題の発生に多数の原因がからみあっていることもよくある。そのような場合は重要性に応じて優先順位に差を設け，メリハリをつけて聞いていく。人により，あるいはプロジェクト内での立場や関わり方によりさまざまな見方があり得るし，場合によっては供述の中に自己弁護的な動機が含まれることもあり得るから，1人の言うことだけを鵜呑みにしてはならない。

　問題の所在と原因が見えてきたら，ヒアリング対象者に対し，その問題の解決策や解決の見込みについても意見を求めるのが有益である。こちらは，過去の事実よりもさらに供述者の主観が強く出るところなので聞くほうにも注意が必要であるが，実情を知っている現場担当者の肌感覚に基づく意見には，相当

な重みがある。

②　客観的資料の収集・保全

ヒアリングで顕出された内容については，なるべく客観的資料による裏付けをとらなければならない。発注書，契約書などの契約書類，要件定義書，設計書などの開発の基本となるドキュメントはもちろん，提案書，見積書，前バージョンのドキュメントなどの途中経過の書面も重要な資料となる。プロジェクトの中では，大きな事項から細かな事項に至るまで，口頭による確認・合意・決定の繰り返しで作業が進行していくのが通常であるが，それについても議事録，検討資料，メールのやりとりなどで客観的に検証する。

ヒアリング対象者の記憶があやふやになっていたり，事実を自分の都合のよいように解釈していたりすることもよくあるから，言葉は悪いがやや懐疑的な目で検証していくことが重要である。供述と客観的資料とが整合しない部分が出てきたら，それについては説明や再確認を求め，根気よく丹念に正確な事実を確定していく必要がある。

ここで収集された資料は，その後のすべての段階において貴重な証拠となり得るものであるから，きちんと整理し，保管しておく。また，収集していない資料についても，関連する可能性のあるものは広く保全の措置を講じておくことが重要である。たとえば，プロジェクト内でやりとりされたメールについては，ヒアリング時には時間の関係もありほんの一部分しか読めないことが通常であるが，後日，関連するすべてのやりとりを追う必要が生じることが多い。その際に，一定期間のメールが，社内のメール保管のルール等に従い消失ないし消去されてしまっていると，貴重な証拠が失われてしまうことになる。担当者が自己に都合の悪いメールを意図的に消去してしまう可能性もないとはいえない。システム開発訴訟は，解決まで数年を要する可能性があるため，調査開始の初期段階で，関係者全員のメールについてまとめてバックアップ等の措置を講じておくべきである。

担当者のより個人的な領域に属するものが証拠になることもある。会議の際の手控えメモや，スケジュール帳などがその例である。そのようなものも後に証拠になり得るという認識は必ずしも一般的でないため，担当者が，悪意でなくても廃棄してしまうことがある。また，担当者が退職してしまい，退職後に

協力が得られない場合には，入手できなくなってしまう可能性がある。もちろん，すべての証拠を完璧に保全することは困難であるが，プロジェクト期間内に作成されたものは，会社の領域であると個人の領域であるとを問わず，保全しておき，散逸を防止するため，可能な限り初期段階で収集しておくよう周知徹底することが肝要である。

③　プロジェクトの現状分析と改善案の検証（専門家への相談）

　ヒアリングおよび客観的資料により得られた情報をもとに，ユーザもベンダも，それぞれ自社が現在置かれている立場（ポジション）を分析する。まず，最も重要なのは，プロジェクトに生じた問題の大きさを量り，プロジェクトを完遂することが現実的に可能かどうかを冷静に分析することである。問題の原因を特定し，その原因を取り除くことが可能か，今から原因を取り除いて仕切り直したとして，必要な期限までにプロジェクトを完了することが可能かといったことを分析する。たとえば，要員の熟練度や人数が足りないことが問題発生の原因なのであれば，どのような技術を持つ要員が必要なのか，何人補充することが必要なのかを具体的に見積もったうえで，手配が可能かを検討する。パッケージ・ソフトと業務要件の間の隔たり（ギャップ）が大きいことが原因なのであれば，そのギャップを埋めるために追加開発をすればよいのか，逆に業務のやり方を変えることが可能なのか，はたまた別のパッケージ・ソフトに変更する必要があるのかといった事項を検討する。当然，問題解決のためにどのくらいのコストを要するのかも見積もらなければならない。

　これらの原因特定，改善方法の検討，コストの見積りなどは，当該プロジェクトを進めてきたベンダが最も良くなし得るところである。実際のケースでも，ベンダが調査・検討を行ったうえで，ユーザに対して報告・改善提案をするというケースが大多数である。もっとも，ベンダの側でも，当該プロジェクトの責任者や担当者は利害関係を有しており，それまで採用していた方針や方法を正当化する方向にバイアスが働くのが通常であるから，注意しなければならない。ベンダの経営層は，生じている問題の深刻さによっては，前述した監査専門部隊のような当事者以外の者を検討に加わらせて，より中立的・客観的な観点から分析・検証を行うことを考える必要がある。

　ユーザの側では，このベンダ内の利益相反の問題には，より大きな注意を払

うべきである。もちろん，ベンダを信頼してプロジェクトの指揮を委ねているのであるから，多少の問題が生じたからといって，いきなりベンダの報告を疑ってかかるというようなことには違和感があるだろう。しかし，大きなプロジェクトであればあるほど，また生じている問題が深刻であればあるほど，完全な性善説に立って物事を考えるのは非常に危険である。ユーザの経営者が「ベンダを信じてお任せする」という態度をとることは，完全なオーナー企業であればそれも「腹の据わった対応」ということで1つの選択肢かもしれないが，公開企業では善管注意義務の問題すら生じさせる。ベンダは，今そこに生じている問題との関係では当事者として固有の利害を有しており，ユーザをリスクにさらしてでも，ベンダ自身の損害を最小化することにチャレンジしようという動機を有していることは否定できない。たとえベンダの経営者が信頼できる人物であったとしても，前述のとおり，ベンダ内部でも前線の担当者・責任者と経営層との間で利益相反が発生しているため，正確な情報がベンダの経営層に上がっているかすら確実とはいえない。

　さらに，ユーザの内部でも，当該プロジェクトの責任者・担当者には，ベンダの責任者・担当者と同様に，自らが担当していたプロジェクトが失敗したとは認めたくないとのバイアスが働く。このように，特にユーザ側の経営層に対してプロジェクトの評価が届くまでには，①ベンダ側の責任者・担当者，②ベンダの経営層，③ユーザ側の責任者・担当者という利害関係を有する者のバイアスが二重，三重に働く構造になっている。そのため，システム開発という仕事自体の専門性の高さと相まって，プロジェクトの現状分析や改善案の実現可能性の報告が，プロジェクトが危機的状態にあるという現実を踏まえない楽観的なものとなってしまう圧力は，実は相当強いとみるべきである。

　ここに，ユーザ側の経営層が，ベンダとは別の独立したシステム開発専門家に委嘱して，プロジェクトの調査，現状分析，ベンダから提案された改善案の評価等を行わせる意義が生じる。ユーザの社内に，プロジェクトの責任者・担当者とは別の独立調査委員会を設け，その委員会が，こうした中立的な専門家に調査・分析を委嘱するという体制も考えられる。大きなシステム開発プロジェクトのつまづきは，多額の損害や，会社経営に対する甚大な影響を及ぼす危険のある重大事である。このリスクの大きさに照らせば，たとえ後で蓋を開

けてみれば大げさだったという可能性があるとしても，早い段階から最悪の事態を想定して万全の体制で臨むことは，十分に合理的な経営判断といえる。

(3)　総　括

　以上の調査・分析の結果，さして重大な懸念は発生しておらず，多少の修正はあっても，このまま同じ体制・方針でプロジェクトを進めることで差し支えないという結論が得られれば，とりあえず問題はない。そうでない場合は，プロジェクト全体の方向性をどうするかを検討しなければならず，次の②に進むことになる。

②　プロジェクトの方向性を決める段階

(1)　基本的な考え方

　ここでの目的は，①で行った調査・分析の結果をふまえて，プロジェクトを今後どのような方向に持って行くのかを決めることである。ユーザもベンダも，まずは「主体的に」進むべき方向を判断することがポイントである。調査・分析の結果，プロジェクトが危機的状態にあることが判明している場合には，多少の損失や不満には目をつぶってでも安全に着地し，大惨事を避けることを最優先課題とする。

(2)　具体的なアクション
①　選択肢の洗い出しと評価

　プロジェクトの調査・分析の段階で，事態の打開に向けた選択肢もいくつか提示されているのが通常である。ベンダの側であれば，プロジェクトの責任者から，ベンダの内部で提案され，ユーザに対しても提案すべき内容としての問題解決案が示されているであろう。ユーザも，ユーザ側のプロジェクト責任者・担当者が上げてくる報告に解決策の提案が含まれているのが普通であろう（多くの場合は，それはベンダから受けた提案である）。

　これらの解決策に対して，多少なりとも懐疑的・悲観的な見方がある場合，当該プロジェクトからの撤退という選択肢も現実的なものとしてとらえる必要

がある。まさに「進むか，退くか」という究極の選択になるわけであるが，多くのケースでは，進むにしても A 案，B 案といったいくつかの方法が考えられ，退くにしても一部撤退か，全部撤退か，あるいは様子を見ながら段階的に撤退判断を行っていくかなどという選択肢があるため，実際の判断は相当複雑である。

　いずれにしてもベンダ，ユーザはそれぞれ，考えられる選択肢を洗い出したうえで，自社にとってのメリット，デメリット（リスク，コスト）を比較して評価し，どの選択肢を採用すべきかを検討することになる。その過程では，自社が立っている法的なポジションの分析が必須となる。

　また，その結果，ユーザとベンダの選択が一致すればよいのであるが，異なる見解を有するに至った場合（残念ながらそのようなケースは非常に多い），相手方に自社の考えを伝えて交渉し，妥結点を探らなければならない。これは，将来の法的紛争の前哨戦を兼ねているから，交渉にあたっては，事前に十分な法的分析を行い，一貫した戦略を立案したうえで臨むべきである。

②　法的なポジションの分析と交渉戦略の立案（専門家への相談）

　法的なポジションの分析とは，自社が認識している事実関係を前提として，契約や法律に基づけば，相手方に対し，どのような請求ができるのか，逆に，どのような請求を受ける危険があるのかを検討することである。これを行うにあたっては，当然，相手方と締結した契約書の条項や，発注書などの文言が重要な意味を有するし，民法をはじめとする法律の規定・解釈や，類似の事案において蓄積された過去の裁判例が大きな根拠となる。本書の第 1 章では，論点ごとにその解説を行っている。

　たとえば，このまま追加の費用をかけて（あるいは相手方に追加の費用をかけさせて）プロジェクトを進めた場合，その費用は相手方に報酬や損害賠償などとして請求できるのか（あるいは相手方から請求される可能性があるのか）という問題の帰結により，その選択肢の評価は大きく異なってくる。また，結果的にプロジェクトが成功した場合（システムがまがりなりにも本番稼働に至った場合）はどうか，失敗してしまった場合（結局システムが本番稼働に至らなかった場合）はどうかといったシナリオごとの分析も必要となる。プロジェクトからの撤退を考える場合も，そもそも撤退は法的に可能なのか（契約の解除権はあるのか），撤退した場合，相手方からどのような請求を受ける可

157

能性があるのかという点を検討する必要がある。こちらも，プロジェクトから全面撤退する場合はどうか，一部のみを撤退する場合はどうかといったシナリオごとの分析が要求される。これらの分析は，法律の専門家でなければ容易に行うことはできない。それも，システム開発訴訟という特殊な分野に精通した弁護士による検討が必須といえる。

　各選択肢の分析・評価が出そろったら，後は経営判断の問題である。不確実な将来の見込みに対する判断となるため，100％正しい解というものは存在せず，どの選択肢にも一長一短がある。その中で腹を決めて判断することになるが，経営として正しく情報の収集・分析ができていれば，よほど逸脱した判断をしない限り，（仮に万が一，結果的に裏目に出たとしても）取締役の善管注意義務には反しないこととなる。これまで述べてきたとおり，ベンダもユーザも「主体的に」判断することが肝要である。特にユーザは，システム開発のことはよくわからないという態度をとり，ベンダの提案に分別なく追従することがあるが，プロジェクトに有事が生じている状況下では，そのような態度は適切ではない。

　このようにして自社の方針が決まったら，次は相手方との交渉となる。相手方に対して自社の方針をどのように伝えるか，相手方が合意せずに異なる選択肢を主張した場合，どのように交渉するかといった戦略を立てておく必要がある。たとえば，自社がプロジェクトの終了を方針とし，相手方が継続を主張した場合，契約解除を強行的に主張できるのか，それとも契約上の根拠が弱いため，何らかの対価提供も覚悟して根気よく説得する必要があるのかによっても交渉の仕方は異なる。また，現在の法的なポジションを高めるための交渉もある。たとえば，当面は相手方が提案する方向で進むことを了承する代わりに，将来的にプロジェクトが失敗した場合には相手方が一定の責任を負うことを明確にする合意書を締結させるといった交渉である。いずれの場合も，最終的に何を獲得目標とし，何を譲歩するかについて，自社側の明確なコンセンサスを得て交渉戦略を立てる必要がある。この点も，経験豊富な弁護士のアドバイスを受けながら立案を進めたほうがよい。

　③　交　渉
　実際の交渉は，この段階では弁護士を代理人に立てるのではなく，会社の担

当者レベルで進めることが多い。営業担当者だけで交渉するのか，法務担当者も同席するのか，あるいは上のクラスの部長や役員等が出て行くのかはケース・バイ・ケースである。誰が交渉役になるかということ自体も，相手方に対するメッセージやプレッシャーの効果を考えて慎重に検討する必要がある。

　交渉の方法または内容として細かく戦術的に検討すべきことは，この段階で何を言い，何を言わないかである。手持ちの資料や検討結果のうち，何を見せ，何を見せないかということもある。さらに細かく言えば，何を書面に記載し，何を口頭で言うかという点も検討する。いずれも，当面の交渉を有利に進めるためにどちらがよいかという視点と，仮に交渉が決裂して将来的に訴訟に進んだ場合に困らないかという視点の両面を考慮する必要がある。

(3)　総　　括

　自社が主体的に判断した方向性について，相手方と交渉を行い，相手方との間で合意に達すれば問題はない（必要に応じて覚書，合意書等を締結する）。そうでない場合は，相手方に対する法的な請求を行うことを検討しなければならず，次の③に進むことになる。

③　法的請求を行う段階

(1)　基本的な考え方

　ここでの目的は，①および②のプロセスをふまえて，相手方の要求事項との間で埋めがたい溝になっている点について，自社の法的な正当性を主張し，圧力をかけることである。法的請求は，②から続く交渉の最終局面として，法的手続を回避する最後の機会であるため，いかに相手方に対して自社の「本気度」を伝えられるかがポイントとなる。

　また，法的請求は，法的手続の前段階としても行っておくべき行為であり，請求自体が法的な意味を持つことも多い。そのため，形式・内容ともに法的な要件を満たすように注意を払う必要がある。

(2)　具体的なアクション

①　請求内容の決定（専門家への相談）

　まず，相手方に対して法的に何が請求できるのかを検討し，何を請求するのかを決定する必要がある。前記①または②の段階から専門家である弁護士を関与させている場合は，法的請求を見据えて交渉戦略が立案されているはずであるから，元々想定していた請求内容を確認するだけでよい。

　そうでない場合は，遅くともこの段階では（それでは，本当は遅いのであるが），システム開発訴訟に精通した弁護士に事案の分析を依頼し，法的な請求内容を検討してもらうことが不可欠である。弁護士を関与させずに会社の判断だけで法的請求まで行うと，およそ認められない請求を行ってしまい相手方にかえって足元を見られることもあるし，請求内容が不十分で後にやり直しとなることもある。

　また，システム開発訴訟を取り扱った経験が少ない弁護士は，ユーザ，ベンダいずれの立場から助言する場合も，往々にして楽観的な見込みの下で極端に強気のアドバイスをしたり，逆にシステム開発のことがよくわからないために相手方当事者に迎合的なアドバイスをしたりすることが多い。この傾向は，前記①および②の段階ではさらに顕著である。このような助言に従って初動を行ってしまうと，後でそれをカバーすることには非常な困難が伴う。

②　請求・交渉

　法的な請求が，手続外で紛争を回避する最後の機会であることを相手方に示す端的な方法は，代理人弁護士の名義で請求を行うことである。また，形式として，内容証明郵便で相手方に送付するという方法もよく用いられる。内容証明郵便は，本来は郵送による書面送付を行う際に，送付した書面の内容について後に疑義が生じないようにするための仕組みであるが，システム開発におけるユーザ対ベンダといった企業間の紛争で送付書面の内容が争われることは実際には稀であるから，どちらかと言えば，相手方に対するプレッシャーを高めるための儀式的効果を得るために使われることが多い。

　誰の名義で請求を行うかにかかわらず，請求書面の内容は弁護士が作成すべきである。法的手続外での請求であっても，時効中断のための催告（民法150条（旧法153条）），期限の定めなき債務の遅延損害金の起算点（同法412条3項），

履行遅滞解除のための履行の催告（同法541条）など，後にさまざまな法的効果を主張するための根拠となる書面だからである。

代理人弁護士名義の内容証明郵便が届くと，相手方も代理人弁護士を立て，弁護士間での交渉が始まることが多い。元々双方に弁護士がアドバイスをしていた場合には，弁護士が代理人として交渉の前面に出たからといって何が変わるものでもないが，それまで当事者の一方または双方に弁護士がアドバイスしておらず，法的請求に至って初めて弁護士が就いた場合には，当事者間の交渉では合意が得られなかった事項について，弁護士間で妥結できることもある。弁護士が当事者に対し，相手方の請求内容や交渉が決裂した場合の帰結を説明することにより，当事者が自分の立場を正しく理解して，当事者の判断が合理的なものに変わる場合があるからである。逆に，システム開発訴訟を取り扱った経験が少ない弁護士が出てきて極端に強気の要求に固執することにより，まとまりかけていた交渉が決裂することもある。

(3)　総　　括

法的な請求を行うことにより相手方からの譲歩が引き出され，最終的な妥結に至れば問題はない。そうでない場合は，いよいよ相手方に対する法的手続を開始することを検討しなければならず，次の4に進むことになる。

4　法的手続の開始に踏み切る段階

(1)　基本的な考え方

ここでの目的は，1〜3のプロセスをふまえて，相手方に対する法的手続に踏み切るか否かを決定することである。法的手続に踏み切ることにはさまざまな利害得失があるから，それらを正確に理解したうえで経営判断を行うことが重要である。

(2)　具体的なアクション

① 解決までの戦略およびコストの確認（専門家への相談）

前段階から専門家である弁護士を関与させている場合は，交渉が決裂した場

合に必要となる法的手続に関しても説明を受け，一定の理解を有していること
が多い。しかし，法的手続に踏み切るための判断を行うにあたっては，代理人
弁護士が手続の中でどのような戦略を取るつもりなのか，勝算がどのくらいあ
るのか，弁護士報酬を含めてどのような時間・コストがかかるのかといった点
についての見込みを，今一度改めて詳細に確認しておくべきである。また，次
に述べるとおり，法的手続といってもいくつかの選択肢があるから，それぞれ
の特徴について説明を受けたうえで，納得のいく選択をすべきである。

　法的手続に踏み出すと，判決や和解などで最終解決が得られるまでの長い間，
会社は戦いを強いられることになる。もちろん，自社の請求を通すための戦い
であるから，それを行う必要性も正当性もあるのだが，かなり長い期間にわ
たって会社に非常な労力，精神的・経済的な負荷がかかることも事実である。
手続を遂行している間に，自社を取り巻く環境が変わったり，相手方との関係
が変わったり，経営陣や担当者が変わったりすることもある。社内で厭戦気分
が巻き起こり，誰がこんなことを始めたのかなどという本末転倒な議論が出る
ことすらある。法的手続の遂行中は，そのようなさまざまな困難に耐えながら
戦いを続け，解決を目指す必要があるのだが，そのためにも，法的手続に踏み
切る段階で十分な情報収集と自社の譲歩を含めた検討を行い，冷静な経営判断
を行う必要がある。その時の勢いや気分で法的手続に進むという愚は避けなけ
ればならない。

②　機関決定

　多くの企業では，一定金額以上の訴訟その他の法的手続の提起には取締役会
などの機関決定が必要である。また，自社が受け手（訴訟では被告側）となる
場合の対応についても，何らかの機関決定を要する場合が多い。自社が受け手
（訴訟では被告側）となる場合にはあまり選択の余地はないが，攻め手（訴訟
では原告側）となる場合は，そもそも法的手続を始めるか否かという点が大き
な経営判断となるから，機関決定を行う際にも判断根拠となる資料を収集し，
それをふまえて判断を行うべきである。過去の裁判例[1]をふまえると，訴訟を
提起するか否かを判断するにあたっては，少なくとも，①勝算，②コスト，③
勝訴した場合の回収可能性については資料に基づく検討を行っておくべきであ
る。それに加えて，前述した手続遂行中の困難を考えると，法的手続に踏み切

る意義，獲得目標などについては，機関の構成員の間で十分に議論を尽くしておくべきであろう。

③　総　　括

法的手続を控えることとした場合は，主張立証の応酬を行いながら，互いの妥結点を探る動きを続けることになる。法的手続に踏み切ることを決定した場合には，粛々とその準備に入ることになる。

1　たとえば，東京地判平16・7・28判タ1228号269頁（三越事件）は，「不法行為に基づく損害賠償債権や取締役の任務懈怠に基づく第三者への損害賠償債権については，一般に裁判外において債務者が債権の存在を認めて任意に弁済を行うということは期待できないため，その管理・回収には特段の事情なき限り訴訟提起を要するところ，取締役が債権の管理・回収の具体的な方法として訴訟提起を行わないと判断した場合に，その判断について取締役の裁量の逸脱があったというためには，取締役が訴訟を提起しないとの判断を行った時点において収集された又は収集可能であった資料に基づき，①当該債権の存在を証明して勝訴し得る高度の蓋然性があったこと，②債務者の財産状況に照らし勝訴した場合の債権回収が確実であったこと，③訴訟追行により回収が期待できる利益がそのために見込まれる諸費用等を上回ることが認められることが必要というべきである」としている。

第3節

法的手続の選択肢

　紛争解決のための法的手続といえば，一般的に訴訟（裁判）が想起されるが，あくまで協議での解決をめざす調停や，裁判所以外の判断者に裁定を委ねる仲裁といった選択肢もある。訴訟（裁判）とは，裁判所という国家権力による強制的な紛争解決方法であるのに対して，調停や仲裁は，当事者の合意に立脚して紛争を解決する方法であり，裁判外紛争解決手続（ADR = Alternative Dispute Resolution）と呼ばれる。ここでは，各手続の内容や相違点を簡潔に説明する。

1 調　　停

(1)　特徴と種類

　調停とは，当事者が，第三者（調停人）による仲介などの援助を受けながら，紛争解決の合意の成立を目指す手続である。一般に「あっせん」，「仲介」などと呼ばれている手続も，細かな相違点はあるが大きくは調停と同じである。調停による紛争解決のためには，あくまで当事者双方が最終解決案に対して合意に達することが必要であり，いくら時間と手間をかけて調停手続を行っても，最終的に合意が成立しなければ調停は「不成立」という結果をもって終了する。その場合は，紛争は解決しないから，改めて訴訟（裁判）などの異なる手続をとる必要がある。

　調停は，裁判所が行うもの（司法型調停）と民間が行うもの（民間型調停）に大別される。前者の司法型調停のうち，システム開発訴訟の解決に利用されるのは，民事調停法に基づく民事調停である。管轄に関する規定は緩やかであ

り（民事調停法3条），簡易裁判所に申し立てる場合と，地方裁判所に申し立てる場合がある。いずれの場合も，原則として裁判官（調停主任）1名と民間人（民事調停委員）2名以上で構成される調停委員会が調停の任にあたる（民事調停法5条・6条）。

　後者の民間型調停には，さまざまなものがあり得るが，1つの区分として，裁判外紛争解決手続の利用の促進に関する法律（ADR法）に基づく認証（同法5条）を受けているものと，受けていないものに分けられる。認証を受けた調停のうちシステム開発訴訟に対応するものとして著名なのは，一般社団法人ソフトウェア情報センター（SOFTIC）内に設置された「ソフトウェア紛争解決センター」が提供する和解あっせん手続である。

(2)　評　　価

　一般に，合意による解決は，訴訟（裁判）よりも紛争解決のためのコスト（時間，費用，労力等）が圧倒的に低くなるから，当事者間の話し合いが妥結に至らなくてもすぐに訴訟（裁判）に踏み切るのではなく，公正中立な第三者の助力を得て話し合いの努力を続けるべく調停を選択することには相応の合理性がある。また，調停は，訴訟（裁判）による当事者間の関係悪化や，訴訟（裁判）が原則公開であることによる企業秘密の漏えい，あるいは社会に対するレピュテーションの低下を避けたいという動機で利用されることもある。

　他方で，調停は，前記のとおり，最終的に不成立になれば紛争解決の効果は全く得られず，そこから訴訟（裁判）を始めることになるため，かなり大きな時間，費用，労力の無駄となるおそれがある。そのため，調停を選択するのは，当事者双方の主張にある程度の歩み寄りがみられる場合，あるいは現時点で対立していても，公正中立な第三者が仲介すれば当事者双方が歩み寄る強い動機を有している場合など，合意成立が期待できる場合に事実上限られている。

　このような制約はあるが，システム開発訴訟においては，後述③(3)のとおり訴訟（裁判）の手続的負担が他の訴訟類型と比べてもきわめて大きいため，調停による解決がなお魅力的な選択肢となることも多い。その場合には，現状，裁判所の民事調停が利用されることが圧倒的に多く，SOFTICを含む民間型調停の利用件数は少ない。東京地方裁判所などの大規模庁では，IT関係の専

門知識を有する調停委員が選任されることが多く，迅速な事実・争点の整理や，効果的な和解交渉を行える基盤が整えられつつある。他方，民間型調停の利用が少ない要因としては，認知度，我が国の裁判所に対する信頼の厚さ，その他さまざまな理由が考えられるが，一定の状況下で当事者双方のニーズが合致する場合には，民間型調停も十分機能する可能性がある。筆者の経験でも，著名な大手ベンダ間の数百億円にも上るシステム開発紛争を，当事者双方が合意した調停人（元裁判官の弁護士1名）に仲介してもらうという，当該紛争限りで行われる，いわばアド・ホックな民間型調停によって解決した例がある。こうした事例は一般に公開されないためその件数等は定かではないが，実務上の紛争解決方法の選択肢としては，きわめて示唆に富むものである。

2 仲　　裁

(1)　特徴と種類

　仲裁とは，当事者が，紛争の解決を第三者（仲裁人）に委ね，仲裁人の判断に終局的に服する旨を合意するものである。調停と異なり，仲裁は，手続の開始段階で当事者の合意（仲裁合意）が必要であるが，最終的な解決案（仲裁判断）については合意は不要であり，当事者は強制的にそれに服さなければならない（仲裁法45条1項）。仲裁は，あくまで当事者の仲裁合意がなければ提起できない点で，相手方の同意を必要とせずに一方的に訴えを提起できる訴訟（裁判）とも異なる。

　仲裁は，あらかじめ設置されている仲裁機関によって行われるもの（機関仲裁）と臨時に選任された仲裁人によって当該事件限りで行われるもの（アド・ホック仲裁）に大別される。日本におけるシステム開発紛争の仲裁機関としては，前述のSOFTIC「ソフトウェア紛争解決センター」が挙げられる。

(2)　評　　価

　一般に，訴訟（裁判）ではなく仲裁を選択するメリットとしては，①簡易・迅速性，②廉価性，③専門性，④秘密保持性，⑤柔軟性などが指摘されている。しかし，日本国内の紛争については，（システム開発紛争に限らず）仲裁手続

の利用が活発に行われているとは言いがたい。これは，裁判所や裁判手続に対する一般国民の信頼度が諸外国に比べても高く，逆に仲裁機関や仲裁手続に対する一般国民の認知度が低いため，そもそも契約書に仲裁合意が定められること自体が少なく（仮に一方当事者が契約書ドラフトに仲裁合意を記載して提案したとしても，相手方当事者にその仲裁機関や仲裁手続に対する知識がなければ裁判管轄条項に修正することを要求される），ましてや紛争状態になった当事者間に仲裁合意が成立することはきわめて稀だからである。また，我が国の訴訟（裁判）は，一般的にみれば紛争解決手段として有効に機能する場面が多く，仲裁の前記メリットがさほど際立たないことも理由に挙げられよう。

　もっとも，システム開発訴訟に関しては，後述③(3)のとおり訴訟（裁判）の手続的負担が他の紛争類型と比べてもきわめて大きいのが現状であり，仲裁の前記メリット（特に簡易・迅速性，専門性および柔軟性）はもっと強調されてよい。訴訟（裁判）手続の難点も後述のとおり改善されつつはあるが，法的・制度的な縛りの少ない仲裁手続は，訴訟（裁判）手続をあっという間に凌駕し，システム開発訴訟の主要な解決手段となり得る大きな可能性を秘めているといえる。そのためには，システム開発訴訟に特化した真に中立的・専門的な仲裁機関の存在が広く認知され，公正な手続運営により，迅速な紛争解決の実績を重ねていくことが鍵となる。

　なお，以上の国内仲裁の状況とは全く異なり，国際的な紛争については仲裁が非常に重要な紛争解決手段として広く利用されている。その理由としては，いずれかの契約当事者のホームグラウンドに裁判管轄を定めた場合，相手方当事者にとっては大きく不利になるため，第三国での仲裁合意が成立しやすいことなどが挙げられる。システム開発訴訟についても，それが外国企業と日本企業の間で発生した場合には，訴訟（裁判）ではなく国際仲裁が紛争解決手段として選択されることが多くなるだろう。

③ 訴訟（裁判）

(1) 種　類

　調停でも協議がまとまらず（あるいは，まとまる見込みがなく），かつ，仲

167

裁合意も成立しないのであれば，選択できる法的手続は訴訟（裁判）しかない。

　システム開発訴訟は，ユーザとベンダのいずれが訴える場合でも金銭支払請求（損害賠償請求，代金返還請求等）の形をとるのが普通である。訴訟（裁判）にまで発展するシステム開発紛争で，請求金額が簡易裁判所の事物管轄に属するほど少額（140万円以下）であることは多くはなく，また仮に少額でも事案が複雑なため簡易裁判所に提訴しても移送されてしまう可能性があることから（民事訴訟法18条），大多数のケースでは，地方裁判所（支部）に通常訴訟を提起することになる。どこの地方裁判所に訴訟を提起するか（土地管轄）は，契約に専属的な合意管轄の定めがあれば原則としてそこになり，そうでなければ民事訴訟法の定める管轄地の中から選ぶことになる（同法3条の2以下）。

　金銭請求であるから支払督促の手続（同法382条以下）によることも一応は可能であるが，相手方が経済的に破綻しているなどの特殊な状況でない限り，ほぼ確実に異議が出されて通常訴訟に移行することから（同法395条），時間の浪費を避けるため行わないことが多い。本書の記述も，地方裁判所における通常訴訟を前提とする。

　なお，相手方の支払能力に不安がある場合に，訴え提起前に仮差押えという民事保全の手続をとれることは一般の紛争と同様である（民事保全法20条）。実務上は重要な選択肢となることがあるが，民事保全の手続等について説明することは本書の主題ではないため，割愛する。

(2)　通常訴訟手続の特徴

　通常訴訟手続には，いくつかの重要な原則がある。システム開発訴訟との関係でも押さえておいたほうがよい点について，内容をごく簡潔に説明する。

　まず，訴訟を提起すること，終了させること，および請求の内容は，当事者が決めることができる（**処分権主義**）。裁判所は，当事者が申し立てていない事項について判決を下すことはできない（民事訴訟法246条）。当事者は，訴えの取下げ，請求の放棄・認諾，和解（同法261条〜267条）といった形で，一方的にまたは双方の同意によって訴訟を終了させることができ，裁判所がそれを止めることはできない。

　また，要件事実をはじめとする重要な事実やその証拠は，当事者が提出しな

い限り，裁判所が勝手に認定したり採用したりすることはできないし，当事者間に争いがない事実は，裁判所はそのまま認定しなければならない（**弁論主義**）。たとえば，システム開発訴訟において，ユーザがベンダの納期遅延を理由とする損害賠償請求のみを行っている場合に，裁判所がシステムの契約不適合（瑕疵）を理由に契約解除に基づく代金返還を認める判決を下すことは許されない。このような原則の裏返しとして，当事者は，自己に有利な事実・証拠を提出しなければ，裁判所に認定・採用してもらえないという効果が生じる（**主張責任・立証責任**）。また，当事者間に争いのある事実は，裁判所が弁論の全趣旨および証拠に基づく自由な心証により認定することになるが（**自由心証主義**）（同法247条），裁判官が確信できる程度の「証明」が要求されるため，そのハードルは高い。この証明は，法定された証拠調べ手続（同法179条～242条）によって行う必要がある（**厳格な証明**）。

　次に，審理の方式に関して，当事者は，裁判所で口頭弁論をしなければならない（**必要的口頭弁論**）（同法87条1項）。口頭弁論は一般公衆が傍聴する公開法廷で行う必要があり（憲法82条1項），訴訟記録も誰でも閲覧できる（民事訴訟法91条1項）（**公開主義**）。また，当事者は対等かつ公平に扱われ，主張を述べる機会が平等に与えられる（**双方審尋主義**）。弁論や証拠調べは口頭で行うものとされるが（**口頭主義**），実務上，主張は書面（訴状，答弁書，準備書面）によって行われ，期日で形式的にそれを「陳述する」と言うのみである。ただし，証人や当事者本人の尋問手続については，わずかな例外を除き口頭主義が徹底されている（同法203条・210条）。弁論の聴取や証拠調べは，判決を下す裁判所が自ら行う必要があり，他人に委託することは許されない（**直接主義**）。

(3)　評　　価

　前述したADR（調停・仲裁等）の利点とされている内容は，すべて訴訟手続との対比で言われているものであるから，訴訟手続に対する批判としては，一般にその逆があてはまる。すなわち，①（ADRの簡易・迅速性に対して）訴訟手続は手間と時間がかかる，②（ADRの廉価性に対して）訴訟手続は費用がかかる，③（ADRの専門性に対して）裁判官には専門知識が不足している，④（ADRの秘密保持性に対して）訴訟手続は内容が公開されてしまう，

⑤（ADR の柔軟性に対して）訴訟手続は融通が利かないといった指摘である。

　これらの批判は，ケースによっては必ずしも妥当しない場合があるが，システム開発訴訟については残念ながらいずれもあてはまる。むしろ，より顕著であることが多いと言えよう。まず，③の専門性であるが，裁判官がコンピュータシステムの開発手順や各段階においてユーザ，ベンダが行う作業等に関して基礎的な知識を有していることは通常期待できない。システム開発の分野では，急速な技術の進歩に伴ってシステム自体の技術基盤や，開発に用いられるツールや，開発方式そのものが進化しており，そのような先端的知識に裁判官が通暁していることは少ない。たとえば，東京地方裁判所においては，知的財産事件，労働事件，会社事件については専門部が存在しており，医療過誤事件については集中部が存在しているが，システム開発訴訟は一般民事事件として扱われているため，システム開発訴訟の経験と知識が豊富な裁判官にたまたま配転される可能性は低いと言える。もっとも近時は，システム開発紛争の増加に伴い，東京地方裁判所などの比較的規模の大きい庁においては裁判所内で勉強会等が開かれ，経験豊富な裁判官から他の裁判官に対して知識共有が行われている。また，世代の交代に伴い，IT 技術について一定の対応力がある裁判官も増えており状況は変化しつつあるが，なお運の要素は強い。

　⑤の手続の柔軟性についても，前記の直接主義の要請等から，システム開発に関する知識が不十分な裁判官が自ら訴訟指揮を行わざるを得ず，訴訟の序盤・中盤段階で争点整理が迷走する大きな原因となることが多い。また，弁論主義，双方審尋主義の下で当事者双方による膨大な主張立証の応酬が何度も繰り返され，そのたびに裁判所における期日を設定しなければならないことから，多数回（10回，20回，それ以上というレベルである）にわたる審議が行われる。特に尋問に関しては，通常必ず法廷で行わなければならないが，長時間を要することおよび法廷の数が制約されていることから，そもそも裁判所が尋問を行える開廷日が原則として週1回特定の曜日に制限されていることが多く，期日を入れられるのが2カ月先，3カ月先となるのが普通である。さらに，訴訟の進行に従い，裁判官も当事者代理人も徐々に紛争の対象となっているシステム開発に対する理解を深めてゆくのであるが，裁判官はキャリアによって2年から3年の周期で定期的に異動しているため，異動で新しい裁判官が担当になれ

ば，一から説明・理解のやり直しである。

　こうして，システム開発訴訟は容易に泥沼化する。係争事件一般における第
1審終了までの期間が平均で1年〜1年半程度であるのに対し，システム開発
訴訟では（明確な統計はないが）3年〜5年以上を要するというのが実務上の
感覚である。すなわち，①手間と時間が膨大にかかるのである。その膨大な手
間は，ユーザ，ベンダの会社がそれぞれ弁護士に依頼して行うことになるから，
弁護士報酬や自己の担当者に費やす人件費等の②費用も当然かさむことになる。
さらに，審理の経過は，④公開主義の下で，法廷傍聴や訴訟記録の閲覧などに
より報道機関等に明らかになってしまうから，システム開発に失敗して争って
いるというユーザ，ベンダの双方にとって不名誉な事実が，その詳細な経緯等
とともに曝されてしまう。

　このような現実に対し，裁判所も手をこまぬいてばかりいるわけではなく，
いくつかの制度整備や実務上の工夫が講じられている。たとえば，裁判官の専
門性の補充として専門委員制度（民事訴訟法92条の2以下）が導入され，システ
ム開発訴訟に関してもITシステムの専門家（システム開発を業とするベンダ
の出身者等）を専門委員として関与させることが可能になっている。調停委員
としてITシステムの専門家をリストアップしたうえで，システム開発訴訟を
調停に付して（民事調停法20条1項），専門知識を有する調停委員の下で事実上
の争点整理を行いつつ，和解の可能性を探るという運用もみられる。裁判所内
部で，システム開発訴訟に関する裁判官の研修会なども開催されているようで
ある。また，他の訴訟類型と同じくシステム開発訴訟にも弁論準備手続（民事
訴訟法168条以下）が広く用いられており，システム開発訴訟の争点整理は，ほ
ぼ必ず同手続で行われていると言ってよい。この手続では，一般非公開の場
（裁判官室に併設された手続室等）で，裁判官，代理人，当事者関係者が膝詰
めで互いの主張立証に関する意見交換を行うなど，手続の柔軟性を補う運用が
行われている。訴訟記録についても，営業秘密が記載されている部分に関して
は，閲覧の制限を申し立てることができる（同法92条）。

　しかし，これらの努力にもかかわらず，システム開発訴訟が解決までに長い
時間と膨大な手間を要しているのは前述のとおりである。ユーザ，ベンダの双
方にとって，訴訟（裁判）という選択肢をとることを極力避けたい大きな理由

の1つはここにある。もっとも他方で，企業のIT投資額が大きくなっていることから，システム開発紛争は多額の争いになりやすく，そこにおける争点（特に失敗の原因がどちらに，どれだけあったのかという点）も，明瞭に白黒をつけられず当事者双方の主張が真正面から対立しやすいものばかりである。このような紛争について不合理に協調的な，あるいは不透明な解決方法をとることができないことから，公明正大な訴訟（裁判）という途を選択せざるを得ないことも多い。もちろん，相手方の態度が著しく不誠実で，正当な権利ないし正義のために訴訟を提起するケースもある。いずれにせよ前述のとおり，訴訟手続に打って出るに際しては，経営層が手続に伴う負担を十分理解し，議論を尽くしたうえで判断を下すことが肝要である。

訴訟における対応

1　訴状・答弁書

(1)　訴　　状

　訴訟は，原告が訴状を提出することから始まる（民事訴訟法133条1項）。訴状には，当事者等の形式的事項のほか，「請求の趣旨」，「請求の原因」（請求を特定するのに必要な事実），「請求を理由づける事実」，および重要な間接事実と証拠を記載しなければならない（民事訴訟法133条2項，民事訴訟規則53条1項）。

　システム開発訴訟では，ユーザもベンダも原告となり得る。典型的には，ユーザがベンダに対して損害賠償請求や既払の報酬返還請求を行うケースと，ベンダがユーザに対して未払の報酬請求を行うケースがある。これらが本訴，反訴（民事訴訟法146条）の形式で両方とも提起されることもよくある。

　訴状には，できる限り，「請求を理由づける事実」（要件事実）についての主張と当該事実に関連する事実（間接事実または事情）についての主張とを区別して記載しなければならない（民事訴訟規則53条2項）。また，訴状には，立証を要する事由につき，証拠となるべき文書の写しで重要なものを添付しなければならない（同規則55条2項）。

　まず，どのような訴訟でも同じであるが，訴状では，原告の請求を基礎付ける要件事実を明確に特定し，記載することが不可欠である。もっとも，訴状を起案する段階に至って，要件事実を一つひとつ確認したり，それを裏付ける証拠を探したりするのでは遅すぎる。第2節で詳しく述べたとおり，最初の調査・分析の段階から十分な法的ポジションの分析を行うべきであり，その中では当然，要件事実の特定やそれを裏付ける証拠の存否は確認されていなければ

ならない。訴状における要件事実の記載は，すでに行われているそれらの調査結果をまとめる作業にすぎない。

　さらに，システム開発訴訟の訴状では，間接事実や事情の記載が重要となることが多い。まず，システム開発についての知識が乏しい裁判官に，システム開発とはどのような手順で進められ，各段階で何を行うのか，ユーザおよびベンダは各自どのような役割を担わなければならないのか，本来はどのような結果が得られなければならなかったのかといった基本的な事項を説明し，理解を得なければならない。そのうえで，本件では相手方のどのような行為が，いかなる義務違反にあたるのか，あるいはシステムに起きているどのような現象が，いかなる契約不適合（瑕疵）にあたるのかを，わかりやすく記載する必要がある。

　他方，訴状は，本来，原告の請求内容を明確にし，被告からの答弁書の応酬と合わせて当該訴訟のテーマを定義付けるためのものであるから，法的に核となる事実を中心になるべく簡潔にまとめる必要があり，だらだらと長くなることは避けなければならない。また，当事者および代理人弁護士は，ここにたどり着くまでの間に膨大な調査を行っており，相手方との交渉も経ているから，事案の細部や双方の主張について詳しい知識を有しているが，裁判官にとっては初めて聞く物語である。二歩先，三歩先のことを慮って大量の情報を詰め込んでも，裁判官はついていけない。

　証拠の引用・提出についても同様である。事案の核となる事実関係を証明する証拠，たとえば契約書などは，訴状段階から引用し，提出すべきである。当然存在すべき証拠が提出されていないと，それだけで全体のストーリーの信用性に対してネガティブな心証を与えるおそれがある。他方で，ストーリーとの関連性が低い周辺の証拠，たとえば細かな仕様策定のやりとりのメールや詳細なデータ定義書などは，事案の中での重要性が非常に高い場合を除き，訴状段階から提出することはあまりない。最初からあれもこれもと膨大な証拠を提出しても，裁判官はその証拠の意味を理解できない。

　以上をまとめると，訴状では，この段階で主張する事実と主張しない事実，提出する証拠と提出しない証拠の取捨選択を注意深く行い，「簡にして要」を得るのが重要である。これは経験を要する特殊技能であり，特にシステム開発

訴訟のような専門的知識を要する訴訟に関しては難易度の高い技であるが，この最序盤の段階で裁判官にいかなる印象を与えられるかが，その後の訴訟全体の展開を決定付けることもしばしばある。

(2)　答 弁 書

　訴状の送達を受けた被告は，答弁書を提出する。答弁書には，請求の趣旨に対する答弁を記載するほか，訴状に記載された事実に対する「認否」，「抗弁事実」および重要な間接事実と証拠を記載しなければならない（民事訴訟規則80条）。訴状と同様に，答弁書に事実についての主張を記載する場合には，できる限り，「請求を理由づける事実」，「抗弁事実」または「再抗弁事実」についての主張と，これらに関連する事実についての主張とを区別して記載しなければならない（同規則79条2項）。また，相手方の主張する事実を否認する場合には，その理由を記載しなければならない（同条3項）。立証を要する事由につき，重要な書証の写しを添付しなければならないのも同様である（同条4項）。

　答弁書作成における留意点も，訴状の場合とほぼ同様であり，なるべく簡潔な記載で，裁判官に事案の要点を理解してもらうことが必要である。もっとも，答弁書では，裁判官が先に原告の訴状を読み，原告から提出された証拠を見ているという点が異なる。それら原告が提出した書面および証拠によって，裁判官は事案に対してすでに一定の知識を得ており，あわせて訴訟の見通しについて何らかの印象を抱いているのが通常である。被告が行う答弁書の作成および証拠の取捨選択は，これをふまえて行う必要がある。訴状および原告提出の証拠が的を射ており，原告の請求に十分な理由がありそうに見える場合は，裁判官の見方を根本から変えさせるような，少し厚めの論述を要する。逆に，原告の請求自体に問題があり，裁判官が疑問を抱いていることがうかがわれる場合には，総論的な反論にとどめ，原告の請求の矛盾や不合理を指摘する内容を主にすることもある。

　そもそも原告が主張しているシステム開発一般の手順に関する説明，あるいは当該事案のシステム開発プロジェクトに関する役割分担等，根本的なところで見解の対立がある場合は，この答弁書段階で明確に指摘しておくべきである。たとえば，一般的なウォーターフォール型の開発とは異なる手順，考え方の下

でシステム開発が行われていたのであれば，訴訟の最序盤の段階で何が違うのかを明らかにしておいたほうがよい。

2 口頭弁論，弁論準備手続

(1) 主張および証拠（準備書面，書証）

　訴状および答弁書が出揃った段階で第1回の口頭弁論が法廷で開催され，ここで原告の請求の趣旨とそれに対する被告の答弁，原告が主張する請求原因事実とそれに対する被告の認否，被告が主張する抗弁事実等が陳述される。そのうえで，裁判所が被告の答弁書に対する原告の反論（民事訴訟規則81条）を促したり，当事者の主張の不明確な点を釈明したりして訴訟手続が進行していくのであるが（民事訴訟法149条1項），前述したとおり，大多数のシステム開発訴訟は，この第1回口頭弁論期日またはそこから遠くない続行期日において弁論準備手続に付される。

　弁論準備手続では，当事者双方の準備書面の提出や，書証の証拠調べなどを行いながら，争点整理が行われる。ユーザもベンダも，弁論主義の下で，相手方の主張に対する反論を行い，自己の主張の正当性を証明するための証拠（書証）を提出していく。このように，訴訟の序盤から中盤までは，1カ月から数カ月という間隔で交互に準備書面および書証を提出し合い，延々と主張立証の応酬が続くことになる。

　主張および証拠（攻撃防御方法）は，訴訟の進行状況に応じ適切な時期に提出しなければならないものとされている（**適時提出主義**）（民事訴訟法156条）。裁判所は，時機に遅れて提出された攻撃防御方法や，裁判所が審理計画の下で定めていた期間を越えて提出された攻撃防御方法，釈明に応じない不明瞭な攻撃防御方法を却下することができるが（同法157条・157条の2），第1審の弁論準備手続の中ではこれらの規定は緩やかに運用されており，実際にこれらの規定によって主張や証拠が却下されることはあまりない。しかし，このように柔軟な規定・運用となっているのは，厳格な提出期限や攻撃防御方法の却下（失権効）という強権的な訴訟運営をするよりも，裁判官と当事者双方のコミュニケーションを濃密にすることによって争点整理の迅速・効率化を図るほうが結

果的にはうまくいくという考慮によるものであるから，当事者および代理人は裁判官と協力し，提出期限を守って手続を進めなければならない。

　個々の準備書面において主張すべき内容も，裁判官の問題意識に応えることが最も重要である。システム開発訴訟においては，前述のとおり裁判官の専門性が十分でないのが普通であるから，システム開発の手順や作業内容，あるいはシステム，ネットワーク，データベースの仕組み，動作等の技術的な事項について，初歩的な事項からひも解いてかみ砕いた説明を行うことが必要となる場合も多い。また，証拠についても，システム開発の過程で作成されるドキュメント類を提出することが必然的に多くなるが，裁判官には見ただけでは意味がわからないことがしばしばあるから，かなり丁寧に読み方の説明等を行うべきである。

(2)　契約不適合（瑕疵）一覧表

　多数にわたるシステムの契約不適合（瑕疵）が問題となっているシステム開発訴訟では，裁判所の指揮で「契約不適合（瑕疵）一覧表」の作成を要請されることがある。その形式には決まりはなく，訴訟ごとに必要な項目が何であるかを裁判所および両当事者で工夫することになるが，少なくとも，契約不適合責任（瑕疵担保責任）等を追及するユーザの側で「あるべき仕様」と，それと異なる「実際の状況」を記載して契約不適合（瑕疵）を特定し，それに対するベンダ側の「反論」を記載することは必要となろう。これに加えて，「証拠」の引用，「契約不適合（瑕疵）の影響度」，「修補にかかる費用の金額見込み」等を記載することもある。

　契約不適合（瑕疵）一覧表を作成する目的は，準備書面の応酬だけを行っていると混乱しがちな両当事者の主張をかみ合わせることにあるから，主張や反論を記載する時は，相手方がその項目で一番のポイントとしている事項が何なのかを十分ふまえたうえで，そこに絞った簡潔な記述を心がける必要がある。余計な修飾語などは極力省くべきであるし，文章を長くするのではなく，箇条書きや体言止めなどを用いて，主張の要点を極力少ない字数で伝えることが肝要である。

　また，契約不適合（瑕疵）の個数の問題にも気を配らなければならない。た

とえば，プログラム中の甲というロジックに不具合があることにより，Aという入力を行うと正常に出力されない，Bという入力を行った場合にも正常に出力されない，Cという入力を行った場合にも正常に出力されないという具合に，いくつもの現象が生じることがある。このような場合に，A，B，Cという各現象をそれぞれ1つの契約不適合（瑕疵）として主張すると，契約不適合（瑕疵）の個数が膨大に増加してしまうため，甲というロジックの不具合を契約不適合（瑕疵）として記述すべきである。そのうえで，契約不適合（瑕疵）の影響や重大性を説明するために必要があれば，A，B，C…を支番として記述する形式にするとわかりやすい。

【契約不適合（瑕疵）一覧表の例】

番号	項目名	概要		あるべき状態	実際の現象	ベンダの反論
1	甲の不具合	甲というロジックが正常に組まれていない	1-1	入力：A 出力：A'	入力：A 出力：X	①最初から仕様について異なる内容の要求がなされていた ②すでに要請を受けて修正済みである
			1-2	入力：B 出力：B'	入力：B 出力：Y	
			1-3	入力：C 出力：C'	入力：C 出力：Z	

(3)　画像・動画・説明会

　システムの仕様や不具合の中には，文章だけでは説明し難いものがしばしば存在する。そのような場合には，必要に応じてスクリーン画像をキャプチャして印刷し，準備書面の中や末尾に挿入して裁判所に「見せる」ことが効果的である。画像にフキダシやノートなどを付けて注記を入れるのもわかりやすい。

　連続した画面の動きを説明する時は，複数の画像を紙芝居のように並べて，注記とともに記載することがある。紙芝居では表現しづらい場合や手順が多い場合などは，動画を撮影し，DVDなどに保存して証拠として提出することも考えられる。その場合にはナレーションによる注釈も入れられる（裁判所が再生可能な形式は先に確認しておくべきである）。いずれにしても，各場面でどのような入力を行うとそのような現象が生じるのかを明確にすることが求めら

れる。

　さらに大がかりな説明が必要な場合，裁判所によっては説明会方式というものも行われている。これは，弁論準備手続期日や進行協議期日等に当事者がラップトップコンピュータを持ち込み，裁判官の面前で「やって見せる」方法をいう。何をすると何が起きるのかを理解するうえで最もわかりやすい方法と考えられがちであるが，実際には，PC に導入された単体のプログラムのみで現象を再現できることは少なく，他のソフトやデータベース，ネットワークやインタフェース接続された他のシステムなど，本番と同等の環境を用意しなければならないため，現実的でないことが多い。また，行われた内容の証拠化も困難である。さらに，仮にそこまでやったとしても，裁判官が確認できるのは結局，どのような入力を行うとどのような出力がなされるのかという現象にすぎないから，上記で述べた画像や動画による説明を巧みに行った場合と大差はないことが多い。総じて，説明会方式は，その開催のために当事者が費やす時間・労力・費用と比べて効果が薄いことが多いため，裁判所からそのような要請があった場合，当事者としては，画像や動画の提出で代替できないかを慎重に考慮し，意見を述べるべきである。

⑷　文書提出命令の申立て

　ユーザ，ベンダが，相手方のみが所持している文書を証拠として提出したい場合はしばしばある。また，たとえばベンダの下請ベンダが所持しているドキュメントをユーザが提出したい場合等，第三者が所持している文書を証拠として提出したい場合もある。このような場合，相手方当事者に対しては求釈明や当事者照会（民事訴訟法163条），第三者に対しては弁護士会を通じた照会（弁護士法23条の２），裁判所を通じた文書送付嘱託（民事訴訟法226条）といった手段により証拠文書を入手する努力をすることになるが，それでも相手方や第三者が応じようとしない場合，文書提出命令の申立て（同法221条）が有効な手段となる。

　文書提出命令の申立ては，①文書の表示，②文書の趣旨，③文書の所持者，④証明すべき事実，⑤文書の提出義務の原因を明らかにして行わなければならない（同法221条）。米国民事訴訟のように証拠探索的なディスカバリが認めら

れているわけではなく，特定の文書を特定の事項の立証に用いられることがある程度明確になっている場合に，その文書のみに限定して裁判所の提出命令を求めることができる制度であるが，システム開発訴訟では，開発プロジェクトの過程で作成される文書の数が多く，また，誰がどのような文書を作成しているかがある程度推知できるため，有用なケースが多い。

　文書提出義務は，一定の例外に該当する場合以外は一般的に負うこととされており（同法220条），その範囲は広い。実務上問題となることが多いのは「専ら文書の所持者の利用に供するための文書」（同条４号ニ）であるが，システム開発プロジェクトにおいて作成される文書は，プロジェクトに関与する全当事者（ユーザ，ベンダ，下請ベンダ等）に利用されることを意図して作られるものが多く，そのようなものはこの例外にあたらないと判断される可能性が高い。

(5)　専門委員の関与

　システム開発訴訟では，裁判所が専門委員を手続に関与させようとすることがある。裁判所が専門委員関与の決定をする場合および誰を専門委員とするかを指定する場合は，当事者の意見を聴くことになっており（民事訴訟法92条の２第１項・92条の５第２項），特に証拠調べにおいて証人等に対して直接質問させたり，和解に関与させたりする場合は，当事者の同意を得なければならないことになっている（同法92条の２第２項・３項）。

　これらの意見陳述や同意を求められた場合，当事者としては，慎重な検討を行う必要がある。注意しなければならないのは，システム開発というのはある程度学術的に確立している分野（医療や建築等）とは異なり，「システム開発の専門家」という一般的な専門家は存在しないことである。システム開発訴訟に関与する専門委員は，ある特定の分野，業界や技術的基盤の下でシステム開発に従事した経験を有する人であって，当該訴訟で問題となっているシステム開発の手順，方式や技術，あるいは分野，業界に通じているかは全くわからないのである。裁判所にもこの点が明確に認識されていないことが多く，裁判官が専門委員を中立的なオールマイティの「システム開発専門家」であると思い込んでいる場合があるから，当事者の側では，当該訴訟において問題となっているシステム開発の内容や争点に照らし，専門委員を関与させることが真に適

切なのかをよく検討し，必要に応じて裁判所に伝えることが重要である。

　専門委員が関与することになった場合，専門委員は法律や訴訟手続について
は基本的な知識も全く有していないことが多いから，その訴訟の法的な争点と
は全く関係のない質問をしたり，逆に法的な知識を有していないにもかかわら
ず争点についての意見を述べたりすることがある。専門委員を関与させている
のは，訴訟資料について専門的知見に基づく説明をしてもらうためであり，訴
訟の進行を委ねたり，鑑定人のように意見を述べてもらったりするためではな
いから，そのような状況が生じた場合は，裁判所の適切な指導を促すべきであ
る。

　訴訟実務の経験からの感想として，総じて，システム開発訴訟において専門
委員を効果的に機能させることは難しい。当事者が申請する鑑定証人のほうが，
中立性に難はあるとしても当該訴訟の争点に十分にグリップしているという点
では，裁判所が事案の真相を理解するために有益な機能を果たすことも多い。
もっとも，そうではない事案も中にはあるから，当事者であるユーザ，ベンダ
としては，専門委員による手続関与の決定がされた場合には，専門委員に説明
してもらうべき事項を明確に意識しながら，これに協力して手続を進めること
になる。

③　証拠調べ（証人および当事者本人の尋問）

(1)　尋問の形式

　争点整理が完了すると，証拠調べにより証明すべき事実を確認して弁論準備
手続は終了し（民事訴訟法170条5項・165条1項），証拠調べの手続に入る。そ
れまでに，当事者双方による証人および当事者本人の尋問の申出（民事訴訟規
則106条），各人の陳述書の提出も済んでいるのが通常である（以下では，証人
と当事者本人で異なる場合を除き，証人，証言とだけ記述する）。

　尋問は，一般に，その証人を申請した当事者（双方申請の場合は一般に当該
証人を同行する側）の主尋問，相手方当事者の反対尋問，申請側当事者の再主
尋問（さらに質問がある場合は再反対尋問，再々主尋問）の順番で行い，最後
に裁判所による補充尋問が行われる（民事訴訟法202条，民事訴訟規則113条）。い

ずれも短い発問と短い回答の連続からなる一問一答形式で行われ，証人が1人で自己のストーリーを延々話し続けるという形式は通常行われない。質問は，できる限り個別的かつ具体的にしなければならないほか，内容にも一定の制限がある（民事訴訟規則114条・115条）。

　証人は，自己の記憶に基づいて証言・供述をしなければならず，あらかじめ持ち込んだメモや書面を見ながら話すということは許されない（民事訴訟法203条本文）。ただし，裁判長の許可を得て，代理人弁護士が証人に対し書面（通常は証拠提出されるもの）を見せて質問することは認められており，実際にも広く行われている（同条ただし書，民事訴訟規則116条）。特に，システム開発訴訟では，多数の開発文書が作成され，その記載の意味内容について証人による説明が必要となることが多く，書面を見せて行う尋問の必要性は高い。

(2)　主尋問

　尋問には，いくつかの点を除いて決まった「型」のようなものはなく，代理人弁護士の個性が最も出る部分でもある。自社側が申請する証人または本人の主尋問は，事前に打ち合わせを行うことが可能であるため，少なくともある程度は質問・回答のシナリオを定めて臨むことが多い。もちろんその場で記憶に従って証言・供述をするのであるが，すでにヒアリングや陳述書の作成作業等を経て，当該事案の事実関係については詳細な記憶の確認を経た状態であるから，主尋問の準備の主眼は，いかに証人・本人の記憶を法廷で正確にアウトプットするかという点に絞られる。

　他の訴訟類型でも同じであるが，システム開発訴訟では，どの証人によってどのような内容を立証するかという役割分担の観点が特に重要である。**第2節**のヒアリングのところで述べたとおり，システム開発プロジェクトには多数の人間が関わっており，それぞれの立場や属性によりプロジェクトに対する見方が異なる場合がしばしばある。客観的に明確な証拠がない事実関係について，各人の記憶が食い違っている場合もある。そのような場合に，誰に何を供述してもらって全体のストーリーを整合的に組み立ててゆくかは，まさに代理人弁護士の力量の差が出るところである。

　また，システム開発訴訟では，1人の証人に，過去に起こった事実を記憶と

して述べる「証人」本来の役割と，その事実に対する評価・意見を述べる「鑑
定証人」の役割が混在することも多い。この場合，まずもって質問者となる代
理人弁護士の側で，事実を証言する部分と，評価・意見を述べる部分を明確に
区別して認識することが大事である。そのうえで，前者と後者では質問の仕方
を変えたり，記憶あるいは評価・意見を支える周辺の事実として取り上げる内
容を変えたりして，証言の信用性を高める工夫をすべきである。

(3)　反対尋問

　相手方当事者の申請した証人に対して反対尋問を行う場合のオーソドックス
な手法は，客観的証拠との矛盾や供述相互の矛盾を探し出し，これを突くこと
である。これは，その証人が行っている証言の信用性を減殺するための活動で
あり，弾劾などと呼ばれる。他の訴訟類型でも同じであるが，特にシステム開
発訴訟では，プロジェクト全体にわたって一貫した考え方で作業を進めている
かが吟味されることが多く，反対尋問もその部分に力点が置かれることがしば
しばある。自社側が申請した証人について反対尋問対策を行う場合もその点に
留意し，各証言の背後にある考え方が一貫しているか，変遷している場合はど
こで，どのような理由で変わったのかを十分確認し，整理しておく必要がある。
　また，場合によっては，相手方当事者の申請した証人に，自社に有利な内容
を証言してもらうことを目的とした質問を行う場合もある。他の類型の訴訟で
は，敵性証人がこちらに有利な内容を供述してくれることは期待しがたく，や
ぶへびとなる危険のほうが大きいため，あえてそのような質問はしないことが
多いが，システム開発訴訟では技術的な事項が尋問の対象となるため，証人の
属性によっては有利不利をあまり顧慮することなく率直な見方を述べてくれる
場合がある。ただし，やぶへびとなる危険と隣り合わせであることは変わらな
いから，どの程度突っ込んだ質問をするかは，慎重に判断する必要がある。
　反対尋問は，あらかじめ打ち合わせなどを行うことはできず，尋問の場での
瞬時の判断や思考が内容を大きく左右する活動であるから，代理人弁護士の個
性や力量が最も大きく出る場面である。しかし，どのような反対尋問を行うに
しても，その成否を左右するのは，代理人弁護士による準備の質と量である。
現場で瞬時に行わなければならない判断が膨大にあるからこそ，事前の準備は

入念に行わなければならず，やってやり過ぎということはない。

4　和　解

　争点整理および証拠調べが終わると，訴訟が判決をするのに熟した状態（民事訴訟法243条）になるのが通常であるが，実務では，この段階で裁判所の仲介による和解協議（和解の勧試と呼ばれる）が行われることが圧倒的に多い。いったん口頭弁論を終結し，判決言渡し期日まで指定したうえで，和解協議を行うこともしばしばある。

　この和解協議の中では，その時点までの当事者双方の主張立証に基づいて裁判所が有している心証をベースに和解の打診が行われる。しかも，当事者が片方ずつ交互に裁判官と面接するというスタイルをとることが多いため，裁判官にもよるが，かなり突っ込んだ心証開示が行われることがしばしばある。特に，システム開発訴訟の場合，当事者双方が提出した主張・証拠が膨大で争点も多岐にわたるため，いずれの当事者の主張も部分的には一理あるという状態となることが多く，各当事者がそれぞれ裁判官から弱いところを突かれて説得されるという展開になりやすい。このような場合，当事者としては，第１審判決の勝敗の見込みをふまえて，和解を受諾するか，拒否するかという判断を迫られる。

　ユーザもベンダも，第１審判決によって得られる経済的利益の見込みのほか，控訴される見込み，控訴審での展開の見込み，訴訟を続けた場合に負担するコスト（費用，手間，心理的負担），レピュテーションに及ぼす影響，第１審判決が裁判例として公開されることの影響などさまざまなファクターを考慮して，総合的な見地から和解への対応を検討することになる。和解は，当事者双方が互いに譲って成立するものであるから，訴訟上の請求に関してはどちらの当事者にとっても必ず不満な部分が生じる。他のファクターによってこの不満を埋め合わせることができるかが，和解を受諾するか否かの判断の鍵を握る。和解案で提示されている経済的利益が，他のファクターを考慮しても見合わないということであれば，金額の調整を求めて交渉することもある。開示された裁判所の心証に対してこの段階で反論するのは意義が薄い場合が多いが，裁判所が

重大な点を見落としていたり，勘違いをしていたりする場合には指摘することに意味がある場合もある。提示された金額での和解を受諾する代わりに，たとえば和解内容についての守秘義務条項を挿入するなど，別の条件を取りに行くという方針もある。どうしても納得がいかないということであれば，和解を拒否して判決を求めるという選択肢ももちろんある。

　なお，役員責任の観点からは，前述した訴訟提起の判断に類する考え方がここでも適用されると考えたほうがよい。もっとも，全く司法手続も判断も経ていない訴訟提起前の状態に比べると，この和解の時点では，当事者双方が主張立証を尽くしたうえで裁判所の一応の判断が示されているため，裁判所の勧めに従って和解で紛争を解決したとしても，そのことが善管注意義務違反の問題を生じさせるおそれはほとんどない。逆に，裁判所の提案を断り，判決を求めた場合に，そのことが善管注意義務違反となることも通常は考え難い。

　和解が成立した場合，訴訟は終了し，期日調書に記載された和解条項には確定判決と同様の効果が与えられる（民事訴訟法267条）。

５ 判決・上訴

　和解がまとまらなかった場合，第1審判決が下される。判決の言渡しは，公開の法廷で開かれる口頭弁論期日（判決期日）になされるが，当事者の一方または双方が出頭しない場合でも行える。実際にも，当事者および代理人弁護士が判決言渡しを傍聴はしても，期日には出頭しない扱いとすることが通例である。判決の送達によりさまざまな効果が発生するため，そのタイミングを調整するという実務上の理由に基づく。

　判決内容が一部または全部敗訴だった場合，控訴するか否かを判断しなければならない。控訴できる期間は，第1審判決の送達を受けてから2週間である（民事訴訟法285条）。もっとも，第1審判決に仮執行の宣言が付されている場合，相手方に強制執行を行われてしまうと企業運営上大きな支障が生じるから，すみやかに控訴を提起して執行停止の裁判（同法403条1項4号）を求めるか，あるいは一旦仮払を行うかを決定する必要がある。

　控訴するか否かの判断は，第1審判決の内容，判決理由を精査したうえでの

控訴審における見込み，控訴にかかるコスト，レピュテーションに及ぼす影響などを総合的に考慮して行う。もっとも，これらのファクターの分析・検討は，和解協議や判決待ちの期間に概ね済んでいることが通常であるから（第1審判決の結果についても，事前に場合分けをしてシミュレーションを行っていることが多いであろう），この段階で控訴するか否かの判断を迷うことは稀である。実務上，控訴期間ぎりぎりに控訴が行われることが多いのは，控訴審（主に控訴理由書）の準備を行う期間をできるだけ長く確保するという理由による。

　控訴を行った場合，控訴状に詳細な控訴理由を記載できることは稀であり，通常は控訴理由書をおって提出する。控訴理由書の提出期限は，控訴の提起後50日以内と定められている（民事訴訟規則182条）。控訴理由書には，第1審判決の取消しまたは変更を求める内容とその理由を，具体的に記載しなければならない。また，追加で取り調べるべき証拠も，できるだけこの時点で提出する。

　控訴審でも口頭弁論期日が開かれ，当事者が第1審判決の変更を求める限度ではあるが，弁論が続行される（**続審主義**）。もっとも，控訴審裁判所が，控訴理由書や追加提出された証拠を見たうえで，それ以上の審理を続ける必要はないと判断すれば，第1回の口頭弁論期日でいきなり弁論が終結されることもしばしばある。システム開発訴訟においては，前述のとおり記録が膨大で争点も多岐にわたるため，控訴審裁判所が一部または全部の争点について原判決と異なる見方をすることも多く，控訴審の審理が長期化することもある。

　口頭弁論の終結前あるいは終結後に和解の勧試が行われることが多いのは，控訴審でも同様である。もっとも，控訴審の判決に対して上告または上告受理の申立てが認められる可能性は一般にきわめて低いため，控訴審裁判所が開示する心証が持つ重みは，第1審よりもはるかに強力である。

　控訴審でも和解がまとまらず判決が下された場合，さらに不服があれば上告または上告受理の申立てを行うことになる。しかし，最高裁判所に対する上告は，憲法違反などの上告理由がある場合に限られており（民事訴訟法312条1項・2項），上告受理の申立ても，判例違反または「法令の解釈に関する重要な事項」を含む場合に限られている（同法318条）。このハードルはきわめて高く，システム開発訴訟においてこれらの事由が認められるケースはほとんどない。

第 **3** 章

システム開発訴訟と
民法改正

　本章では，平成29年民法改正のシステム開発訴訟への影響について解説する。改正後の現行民法では，請負の瑕疵担保責任が廃止されたり，債務不履行の解除の要件が変更になるなどシステム開発訴訟にも影響を与え得るポイントがいくつかあるため，ポイントごとに簡潔に整理する。

1　はじめに

　本章では，平成29年民法改正のシステム開発訴訟への影響について解説する。改正法は令和2年4月1日に施行済みであり，令和2年3月31日までに締結された契約については，旧民法が適用されるが，令和2年4月1日以降に締結された契約については，改正後の現行民法が適用される（民法の一部を改正する法律（平成29年法律第44号）附則34条）。第1章でも，改正法について解説を行っているが，本章では，改正法での変更点をコンパクトに整理しておく。なお，本書の他の章と同様，以下では，「民法」とは改正後の現行民法を指す。

2　請負の瑕疵担保責任の廃止

(1)　総　　論

> （買主の追完請求権）
>
> 第562条　引き渡された目的物が種類，品質又は数量に関して契約の内容に適合しないものであるときは，買主は，売主に対し，目的物の修補，代替物の引渡し又は不足分の引渡しによる履行の追完を請求することができる。ただし，売主は，買主に不相当な負担を課するものでないときは，買主が請求した方法と異なる方法による履行の追完をすることができる。
>
> 2　前項の不適合が買主の責めに帰すべき事由によるものであるときは，買主は，同項の規定による履行の追完の請求をすることができない。
>
> （買主の代金減額請求権）
>
> 第563条　前条第1項本文に規定する場合において，買主が相当の期間を定めて履行の追完の催告をし，その期間内に履行の追完がないときは，買主は，その不適合の程度に応じて代金の減額を請求することができる。
>
> 2　前項の規定にかかわらず，次に掲げる場合には，買主は，同項の催告をすることなく，直ちに代金の減額を請求することができる。
>
> 　（一～四　略）
>
> 3　第1項の不適合が買主の責めに帰すべき事由によるものであるときは，買主

は，前2項の規定による代金の減額の請求をすることができない。

（買主の損害賠償請求及び解除権の行使）
第564条　前2条の規定は，第415条の規定による損害賠償の請求並びに第541条
　　及び第542条の規定による解除権の行使を妨げない。

　民法では，請負の瑕疵担保責任は廃止されている。

　請負の瑕疵担保責任の規定が削除されるのは，売買の契約不適合に関する規定（民法562条～564条）が請負にも準用される（同法559条）ため，あえて別個の規定を置く必要がないとの理由に基づくものである。

　具体的には，①損害賠償については，民法415条の債務不履行に基づく損害賠償請求（同法564条），②解除については，民法541条～543条の債務不履行に基づく解除（民法564条），③追完（修補）請求については，同法562条，④代金減額請求については，同法563条を根拠とすることになる。

(2)　損害賠償請求および解除

　上記のとおり，民法では，瑕疵担保責任独自の損害賠償請求権や解除権はなく，債務不履行責任に一本化されている。旧民法上，瑕疵担保責任は無過失責任であり，契約に別段の定めがなければ，従前，帰責事由に関係なく損害賠償請求，解除をすることができたが，改正法によりこの点は改められている。

　旧民法上でも，契約交渉において，ベンダ側からはベンダの故意または過失（あるいは重過失）を要件とするべきとの提案がなされることがあった。ユーザとしては，これまでは，民法上の一般原則（デフォルトルール）に従うべきであるとして，これを拒み無過失責任とする提案をすることも多かったが，民法では，これが債務不履行責任に一本化され，損害賠償にはベンダの帰責事由があることが要件である一方，解除・追完請求・代金減額請求についてはユーザの帰責事由がある場合にはこれらが認められないとされた（後記4）。

　また，旧民法上，瑕疵担保責任に基づく解除では，瑕疵のために契約をした目的が達成できないことが必要であったが（旧民法635条），改正後は，この点も債務不履行解除の要件に収斂する（民法541条・542条）。民法541条ただし書によると，「債務の不履行がその契約及び取引上の社会通念に照らして軽微で

あるとき」は解除は認められない。この点，改正法の立案担当者は，催告解除については，債務不履行が「契約をした目的を達することができない」（民法542条1項3号・4号）「という程度に至らないときにも契約関係を解消する余地を認める観点から，『軽微』という概念が設けられた。もっとも，『軽微』であるか否かの判断においても，契約目的を達成することができるか否かは最も重要な考慮要素となる」としており[1]，この改正により理論上は，解除が認められる余地は広がったとは言えるが，実務上は大きな差異が生じない事例も多いようには思われる。

(3)　追完請求権

　旧民法634条1項ただし書においては，瑕疵が重要でない場合において，その修補に過分の費用を要するときには，瑕疵修補請求ができないものとされている。

　これに対して，民法562条にはこのような明文がないため，無制限に追完請求ができるようになり，一見ユーザ有利になったのではないかとも思えるが，法制審議会民法（債権関係）部会資料72A「民法（債権関係）の改正に関する要綱案のたたき台(6)」[2]5頁によると改正の意図はそうではない。履行請求権の一般原則として，履行が物理的には可能であるとしても，過大な費用を要する場合には，履行が法律上不能と評価され，履行請求はできないものと解される。これを前提にすると，旧民法634条1項は，過分な費用を要するため本来は瑕疵修補請求ができない場合について，瑕疵が重要である場合には例外的に瑕疵修補請求ができるものとして，請負の場合に限って瑕疵修補請求ができる場合を拡大していると理解できる。しかし，請負の場合だけをこのように特別扱いする必要がないので，一般原則に戻すというのが改正の意図である。このように，むしろ改正により追完請求ができる場面が限定され，若干ではあるがベンダ有利となったものと言える。

　ユーザに帰責事由がある場合には追完請求はできない（民法562条2項）。

1　筒井健夫＝村松秀樹編著『一問一答民法（債権関係）改正』（商事法務，2018年）236頁・281頁。

2　http://www.moj.go.jp/content/000117238.pdf

(4)　代金減額請求権

　権利の一部移転不能や数量不足の場合（旧民法563条・565条）と同様に，目的物の性状に契約不適合があった場合にも，等価的均衡を維持するための代金減額請求権を認めるのが相当であることから，改正で代金減額請求権が導入された（民法563条）。

　法制審議会民法（債権関係）部会資料75A「民法（債権関係）の改正に関する要綱案のたたき台(9)[3]」14～15頁によれば，代金減額請求権は，履行の追完を請求する権利につき履行が不能である場合や，債務不履行による損害賠償につき免責事由がある場合であっても行使することができる点に存在意義があるものとされ，明記されたことにより，ユーザ有利にはなったとは一応言える。

　代金減額請求権の行使には，解除と同様に，原則として催告から相当期間経過が必要であるが（民法563条1項），催告が不要となる場合もある（同法563条2項）。

　ユーザに帰責事由がある場合には代金減額請求はできない（同法563条3項）。

　なお，改正法の立案担当者は，代金減額請求権が行使された後は，契約不適合部分について，代金減額と引換えに債務の内容も目的物の価値に応じて圧縮されるため，代金減額請求を行使した後は，損害賠償請求や解除権の行使はできないとしている[4]。

(5)　注文者の供した材料の性質または注文者の与えた指図による契約不適合

　注文者の供した材料の性質または注文者の与えた指図によって契約不適合が生じた場合については，旧民法636条の内容が実質的に維持される形で，民法636条として規定されている。

> （請負人の担保責任の制限）
> 第636条　請負人が種類又は品質に関して契約の内容に適合しない仕事の目的物を注文者に引き渡したとき（その引渡しを要しない場合にあっては，仕事が終

3　http://www.moj.go.jp/content/000121259.pdf
4　筒井＝村松・前掲注（1）279頁。

了した時に仕事の目的物が種類又は品質に関して契約の内容に適合しないとき）は，注文者は，注文者の供した材料の性質又は注文者の与えた指図によって生じた不適合を理由として，履行の追完の請求，報酬の減額の請求，損害賠償の請求及び契約の解除をすることができない。ただし，請負人がその材料又は指図が不適当であることを知りながら告げなかったときは，この限りでない。

(6)　期間制限

（目的物の種類又は品質に関する担保責任の期間の制限）
第637条　前条本文に規定する場合において，注文者がその不適合を知った時から１年以内にその旨を請負人に通知しないときは，注文者は，その不適合を理由として，履行の追完の請求，報酬の減額の請求，損害賠償の請求及び契約の解除をすることができない。
２　前項の規定は，仕事の目的物を注文者に引き渡した時（その引渡しを要しない場合にあっては，仕事が終了した時）において，請負人が同項の不適合を知り，又は重大な過失によって知らなかったときは，適用しない。

（債権等の消滅時効）
第166条　債権は，次に掲げる場合には，時効によって消滅する。
一　債権者が権利を行使することができることを知った時から５年間行使しないとき。
二　権利を行使することができる時から10年間行使しないとき。
　（以下略）

　契約不適合の場合の前記請求権の期間制限については，注文者が「不適合を知った時」から１年以内の請負人への「通知」となる（民法637条１項）。請負人が不適合について，引き渡し時（仕事終了時）に悪意・重過失の場合は，かかる期間制限は適用されない（同法637条２項）。また，同法166条以下の消滅時効の規定が適用されるため，権利行使ができると知ったときから５年，権利行使ができるときから10年間行使しない場合には消滅時効により消滅する。
　この点，旧民法上は，請負の瑕疵担保責任の追及のためには，「仕事の目的

物を引き渡した時」から1年以内の「請求[5]」が必要であるとされていることに比して，「通知」で足りるため，ユーザ有利になったものと言える。この点，改正法の立案担当者は，この通知は，単に契約不適合がある旨を抽象的に伝えるのみでは足りず，細目にわたるまでの必要はないものの，契約不適合の内容を把握することが可能な程度に，契約不適合の種類・範囲を伝えることを想定しているとしている[6]。

　ユーザ側としては民法に沿った期間制限にすべきと主張したくなるところではあろうが，ベンダ側としては，負担が重くなり，これに応じることはできないか，あるいはその負担に見合った報酬を求めることになる。この期間制限については，システム開発契約を特別意識して改正されたものではなく，実務上は，従前から，検収時やシステム本番稼働時を起算点として契約不適合責任の追及期間を定めるのが一般的であり，このような従来の運用には，改正後も特段変更は生じていないと言えるであろう。

3 債務不履行に基づく損害賠償請求に関する改正

> （債務不履行による損害賠償）
> 第415条　債務者がその債務の本旨に従った履行をしないとき又は債務の履行が不能であるときは，債権者は，これによって生じた損害の賠償を請求することができる。ただし，その債務の不履行が契約その他の債務の発生原因及び取引上の社会通念に照らして債務者の責めに帰することができない事由によるものであるときは，この限りでない。
> 2　前項の規定により損害賠償の請求をすることができる場合において，債権者は，次に掲げるときは，債務の履行に代わる損害賠償の請求をすることができ

5　売買契約に関する事例であるが，「請求」の意義について，裁判外の請求で足りるとしつつ，少なくとも，具体的に瑕疵の内容とそれに基づく損害賠償請求をする旨を表明し，請求する損害額の算定の根拠を示すなどして，担保責任を問う意思を明確に告げる必要があるとした判例として，最判平4・10・20民集46巻7号1129頁がある。また，前記裁判例〈22〉東京地判平25・9・30ウエストロー2013WLJPCA09308011も，システム開発契約の，瑕疵担保責任の請求権の保存のためには，漠然的，抽象的な主張では足りないとしている。

6　筒井＝村松・前掲注（1）285頁。

> る。
> 一　債務の履行が不能であるとき。
> 二　債務者がその債務の履行を拒絶する意思を明確に表示したとき。
> 三　債務が契約によって生じたものである場合において，その契約が解除され，又は債務の不履行による契約の解除権が発生したとき。
>
> （損害賠償の範囲）
> 第416条　（1項　略）
> 2　特別の事情によって生じた損害であっても，当事者がその事情を予見すべきであったときは，債権者は，その賠償を請求することができる。

　民法416条では，旧民法の「予見し又は予見することができた」との文言が，「予見すべきであった」と改められているが，旧民法下においても，この要件は，現実の予見の有無という事実ではなく，「予見すべきであった」かという規範的評価の問題であると解されていたので，特段影響はないと言える。

　債務不履行に基づく損害賠償請求については，わかりにくかった旧民法415条1項の文言が修正されているが，債務者に帰責事由がない場合には損害賠償義務がないとの旧民法上の理解に変更はない。

　民法415条2項では，填補賠償が請求できる場合が明文化されており，履行不能（1号），債務者の履行拒絶の意思が明確である場合（2号）または債務不履行による契約解除権が発生した場合（3号）が挙げられている。

4　債務不履行に基づく解除に関する改正

> （催告による解除）
> 第541条　当事者の一方がその債務を履行しない場合において，相手方が相当の期間を定めてその履行の催告をし，その期間内に履行がないときは，相手方は，契約の解除をすることができる。ただし，その期間を経過した時における債務の不履行がその契約及び取引上の社会通念に照らして軽微であるときは，この限りでない。

（催告によらない解除）

第542条　次に掲げる場合には，債権者は，前条の催告をすることなく，直ちに契約の解除をすることができる。

　一　債務の全部の履行が不能であるとき。

　二　債務者がその債務の全部の履行を拒絶する意思を明確に表示したとき。

　三　債務の一部の履行が不能である場合又は債務者がその債務の一部の履行を拒絶する意思を明確に表示した場合において，残存する部分のみでは契約をした目的を達することができないとき。

　四　契約の性質又は当事者の意思表示により，特定の日時又は一定の期間内に履行をしなければ契約をした目的を達することができない場合において，債務者が履行をしないでその時期を経過したとき。

　五　前各号に掲げる場合のほか，債務者がその債務の履行をせず，債権者が前条の催告をしても契約をした目的を達するのに足りる履行がされる見込みがないことが明らかであるとき。

２　次に掲げる場合には，債権者は，前条の催告をすることなく，直ちに契約の一部の解除をすることができる。

　（一・二　略）

（債権者の責めに帰すべき事由による場合）

第543条　債務の不履行が債権者の責めに帰すべき事由によるものであるときは，債権者は，前2条の規定による契約の解除をすることができない。

(1)　帰責事由

　債務不履行に基づく解除については，旧民法上は，債務者に帰責事由がある場合に限りできるものとされているが，民法においては，債権者に帰責事由がある場合にのみ解除ができないものとされており解除ができる場合が拡大されている（同法543条）。

　このように解除の帰責事由の要件に関するデフォルトルールが変更されているため，契約上でデフォルトルールを変更しない限りは，債務者に帰責理由がなくても，債権者に帰責事由がなければ，債務不履行があれば契約解除が可能となる。

(2)　解除が制限される場合

　民法541条ただし書は，催告から相当期間を経過した時における債務の不履行がその契約および取引上の社会通念に照らして軽微であるときは，解除ができないものとしている。

　旧民法上も，「要素たる債務」にあたらない付随的義務違反は解除原因とならないとの判例法理が存在するが，改正により，「要素たる債務」にあたらない付随的義務違反のような場合は，この民法541条ただし書を根拠として解除が制限されることになる。

(3)　無催告解除ができる場合

　民法542条は，無催告解除ができる場合を列挙している。1項が全部解除の場合，2項が一部解除の場合である。1項のうち，1号は旧民法543条の履行不能に対応し，4号は旧民法542条の定期行為に対応する。2号は履行拒絶の意思が明確である場合，3号は一部履行不能または履行拒絶により契約目的達成不能となる場合，5号はその他の催告が無意味な場合を包括するバスケット条項となっている。

⑤　任意解除権に関する改正

> （委任の解除）
> 第651条　（1項　略）
> 2　前項の規定により委任の解除をした者は，次に掲げる場合には，相手方の損害を賠償しなければならない。ただし，やむを得ない事由があったときは，この限りでない。
> 　一　相手方に不利な時期に委任を解除したとき。
> 　二　委任者が受任者の利益（専ら報酬を得ることによるものを除く。）をも目的とする委任を解除したとき。

　請負の注文者の中途解約権（民法641条）は，民法においても維持されている。
　また，委任の中途解約権（民法651条1項）も維持されており，相手方に不利な時期に解除した場合の損害賠償請求権（同法651条2項1号）も維持されてい

るが，同法651条2項2号で，従来の判例法理を明文化すべく，「委任者が受任者の利益（専ら報酬を得ることによるものを除く。）をも目的とする委任を解除したとき」の損害賠償請求権が加えられている。

6　危険負担に関する改正

（債務者の危険負担等）
第536条　当事者双方の責めに帰することができない事由によって債務を履行することができなくなったときは，債権者は，反対給付の履行を拒むことができる。
2　債権者の責めに帰すべき事由によって債務を履行することができなくなったときは，債権者は，反対給付の履行を拒むことができない。この場合において，債務者は，自己の債務を免れたことによって利益を得たときは，これを債権者に償還しなければならない。

旧民法上は，536条1項において，当事者双方の責めに帰することができない事由によって債務を履行することができなくなったときは，反対債務は消滅するとされている。前記のとおり，民法では，債務者の帰責事由なしに債権者は解除可能と改正されるため，自らの反対債務を消滅させたい債権者は，解除を選択することになる一方，解除がなされなければ，反対債務自体は残存することになる。そこで，民法536条1項は，解除制度の改正と整合的な形に危険負担制度を改正している。具体的には，当事者双方の責めに帰することができない事由によって債務を履行することができなくなったときは，反対債務は存続するが，履行拒絶が可能という形となる。また，民法536条2項もこれに整合するように，債権者に帰責事由があるときは，反対債務の履行を拒絶できるとの文言に改正されている。なお，特定物債務の履行不能に関する危険負担の条文である旧民法534条は，合理性がないとの見解が支配的だったため，民法では削除されている。

7　報酬請求権に関する改正

(1)　請　　負

> （注文者が受ける利益の割合に応じた報酬）
>
> 第634条　次に掲げる場合において，請負人が既にした仕事の結果のうち可分な部分の給付によって注文者が利益を受けるときは，その部分を仕事の完成とみなす。この場合において，請負人は，注文者が受ける利益の割合に応じて報酬を請求することができる。
>
> 一　注文者の責めに帰することができない事由によって仕事を完成することができなくなったとき。
>
> 二　請負が仕事の完成前に解除されたとき。

　旧民法上も，最高裁判例上，建築請負契約について，請負人の債務不履行を理由に注文者が解除をする場合，工事内容が可分であり，しかも当事者が既施工部分の給付に関し利益を有するときは，特段の事情のない限り，既施工部分については契約を解除することができず，ただ未施工部分について契約の一部解除をすることができるにすぎない（最判昭56・2・17判時996号61頁）とされており，システム開発においてもこの判例法理が適用されている。

　民法634条は，この判例法理を報酬請求権として明文化したものである。

　「注文者の責めに帰することができない事由」には，注文者と請負人のいずれの責めにも帰することができない場合と請負人の責めに帰する場合の両方が含まれる。

　これに対して，注文者の責めに帰する場合には，民法634条ではなく，民法536条2項が適用されることにより，全額の報酬請求権が認められるものと解される。

(2)　準　委　任

> （受任者の報酬）
>
> 第648条　（1項・2項　略）
>
> 3　受任者は，次に掲げる場合には，既にした履行の割合に応じて報酬を請求す

> ることができる。
> 一 委任者の責めに帰することができない事由によって委任事務の履行をする
> 　ことができなくなったとき。
> 二 委任が履行の中途で終了したとき。
>
> （成果等に対する報酬）
> 第648条の2 委任事務の履行により得られる成果に対して報酬を支払うことを
> 　約した場合において，その成果が引渡しを要するときは，報酬は，その成果の
> 　引渡しと同時に，支払わなければならない。
> 2 第634条の規定は，委任事務の履行により得られる成果に対して報酬を支払
> 　うことを約した場合について準用する。

① 成果報酬型の報酬の支払時期

　準委任について，従来は成果報酬型を想定した報酬の支払時期に関する規定は存在していなかったが，請負のように完成義務は負わないものの成果報酬型を採用するものもあることから，これに対応した規定が民法648条の2第1項に置かれた。システム開発契約の場合には，報酬の支払時期については契約上明記される場合が一般的であるため，実務上は影響は小さいと言えるだろう。

② 履行途中の場合の報酬請求権

　旧民法648条3項によると受任者の帰責事由により履行の中途で委任が終了した場合には，履行の割合に応じた報酬請求権はないが，民法648条3項により，この場合でも履行の割合に応じた報酬請求が認められることとなった。雇用契約の場合は，明文規定はないものの，労働者の帰責事由により契約が中途で終了した場合であっても，すでに労務に服した期間については，労働者は報酬請求権を有していると解されているが，雇用と委任で特に区別する理由がないためであるとされる（法制審議会民法（債権関係）部会資料72A「民法（債権関係）の改正に関する要綱案のたたき台(6)[7]」14頁）。

　民法648条3項は，委任者の帰責事由による場合については規定していないが，この場合に全額の報酬請求権が認められるかは，引き続き，民法536条2項の解釈問題である。

7　http://www.moj.go.jp/content/000117238.pdf

　新たに規定された成果報酬型の場合については，請負に類似するため，請負に関する民法634条が準用されている（同法648条の2第2項）。

主要参考文献一覧

・司法研修所編（司法研究報告書第65輯第 1 号）『民事訴訟における事実認定─契約分野別研究（製作及び開発に関する契約）』（法曹会，2014年）
・畠山稔ほか「ソフトウェア開発関係訴訟の手引」判タ1349号 4 頁
・田中俊次ほか「ソフトウェア開発関連訴訟の審理」判タ1340号 4 頁
・滝澤孝臣「システム開発契約の裁判実務からみた問題点」判タ1317号 5 頁
・清水建成「システム開発取引」（加藤新太郎編集代表『判例法理から読み解く企業間取引訴訟』（第一法規，2017年）
・情報システム・ソフトウェア取引高度化コンソーシアム編「情報システム・ソフトウェア取引トラブル事例集」（経済産業省，2010年）
・田中信義「東京地裁における IT 関係事件の調停手続による処理の概要」（SOFTIC 第11回国際シンポジウム，2002年）
・TMI 総合法律事務所編『ソフトウェア取引の法律相談』（青林書院，2013年）
・藤谷護人「『プロジェクトマネジメント義務』判決と法的問題点」情報ネットワークローレビュー12巻139頁
・三村量一ほか「〈鼎談〉情報システムの開発・運用と法務─判例の蓄積状況と紛争処理実務の変化」NBL 1050号 4 頁
・菅尋史＝菊地浩之「重要裁判例を踏まえたシステム開発契約を巡る実務上の注意点」会社法 A2Z 2016年 9 月号 8 頁
・難波修一ほか『裁判例から考えるシステム開発紛争の法律実務』（商事法務，2017年）
・上山浩『弁護士が教える IT 契約の教科書』（日経 BP 社，2017年）
・伊藤雅浩「システム開発プロジェクトにおいてベンダはどこまで責任を負うのか─札幌高判平成29年 8 月31日ほか」（SOFTIC LAW NEWS No. 157, 2017年）
・松島淳也＝伊藤雅浩『新版　システム開発紛争ハンドブック　発注から運用までの実務対応』（第一法規，2018年）
・横山経通「裁判例に見るプロジェクトマネジメント〈第 1 回〉」プロジェクトマネジメント学会誌20巻 3 号41頁・影島広泰／企業法務担当者「システム開発取引はなぜ紛争が絶えないのか　[Ⅰ実態編] [Ⅱ分析編] [Ⅲ契約実務編]」NBL 1115号 4 頁・1116号28頁・1117号42頁
・横山経通「システム開発紛争と今後の課題」NBL 1145号 8 頁・平野高志ほか

「座談会　法務担当者が知っておくべきシステム開発紛争の要点」Business Law Journal 2019年12月号16頁

・松尾剛行「近時のシステム開発紛争事例に見る紛争解決の判断ポイント」Business Law Journal 2019年12月号

・独立行政法人情報処理推進機構　経済産業省「～情報システム・モデル取引・契約書～（パッケージ，SaaS/ASP 活用，保守・運用）＜第二版　追補版＞」（2020年12月）

・上村哲史ほか『ソフトウェア開発委託契約—交渉過程からみえるレビューのポイント』（中央経済社，2021年）

・NTT データ編『システム開発を成功させる　IT 契約の実務』（中央経済社，2021年）

・松尾剛行＝西村友海『紛争解決のためのシステム開発法務—AI・アジャイル・パッケージ開発等のトラブル対応』（法律文化社，2022年）

事項索引

判例索引

【地方裁判所】

《著者紹介》

飯田　耕一郎（いいだ　こういちろう）

〔略　歴〕

平成 6 年　慶應義塾大学法学部法律学科卒業

平成 8 年　弁護士登録（東京弁護士会）

平成16年　カリフォルニア大学ロサンゼルス校（UCLA）ロースクール卒業

平成16年　米国シカゴ市，Jenner & Block 法律事務所にて執務（〜平成17年）

平成17年　カリフォルニア州弁護士登録

〔主要著書〕

『消費者取引の法務』（商事法務，2015年，共著）

『リーガル・トランスフォーメーション ビジネス・ルール・チェンジ2022』（日経 BP，2022年，共著）等

田中　浩之（たなか　ひろゆき）

〔略　歴〕

平成16年　慶應義塾大学法学部法律学科卒業

平成18年　慶應義塾大学大学院法務研究科修了

平成19年　弁護士登録（第二東京弁護士会）

平成25年　ニューヨーク大学ロースクール卒業

平成25年　オーストラリア連邦シドニー市，Clayton Ut 法律事務所にて執務（〜平成26年）

平成26年　ニューヨーク州弁護士登録

平成30年　慶應義塾大学法学部法律学科 非常勤講師

令和元年　一般社団法人 日本 DPO 協会 顧問（〜現在）

〔主要著書〕

『ソフトウェア開発委託契約─交渉過程からみえるレビューのポイント』（中央経済社，2021年，共著）

『令和 2 年改正個人情報保護法 Q&A〔第 2 版〕』（中央経済社，2022年，共著）

『ビジネス法体系 知的財産法』（第一法規，2017年）等

渡邉　峻（わたなべ　しゅん）

〔略　歴〕

平成24年　東京大学工学部卒業

平成27年　東京大学法科大学院修了

平成28年　弁護士登録（東京弁護士会）

〔主要著書〕

『情報コンテンツ利用の法務 Q&A』（青林書院，2020年，共著）等

企業訴訟実務問題シリーズ
システム開発訴訟（第2版）

2017年7月10日	第1版第1刷発行
2018年3月15日	第1版第2刷発行
2022年7月10日	第2版第1刷発行

編　者　森・濱田松本
　　　　　　　法律事務所

　　　　　飯　田　耕　一　郎
著　者　田　中　浩　之
　　　　　渡　邉　　　　峻

発行者　山　本　　　　継

発行所　㈱中央経済社

発売元　㈱中央経済グループ
　　　　　パ ブ リ ッ シ ン グ

〒101-0051　東京都千代田区神田神保町1-31-2
　　　　　電話　03 (3293) 3371（編集代表）
　　　　　　　　03 (3293) 3381（営業代表）
　　　　　https://www.chuokeizai.co.jp
　　　　　印刷／昭和情報プロセス㈱
　　　　　製本／㈲井上製本所

©2022
Printed in Japan

過去の裁判例を基に，代表的な訴訟類型において
弁護士・企業の法務担当者が留意すべきポイントを解説！

企業訴訟
実務問題シリーズ

森・濱田松本法律事務所[編]

◆ **企業訴訟総論**
難波孝一・稲生隆浩・横田真一朗・金丸祐子

◆ **会社法訴訟** ──株主代表訴訟・株式価格決定
井上愛朗・渡辺邦広・河島勇太・小林雄介

◆ **証券訴訟** ──虚偽記載
藤原総一郎・矢田 悠・金丸由美・飯野悠介

◆ **消費者契約訴訟** ──約款関連
荒井正児・松田知丈・増田 慧

◆ **労働訴訟** ──解雇・残業代請求
荒井太一・安倍嘉一・小笠原匡隆・岡野 智

◆ **税務訴訟**
大石篤史・小島冬樹・飯島隆博

◆ **独禁法訴訟**
伊藤憲二・大野志保・市川雅士・渥美雅之・柿元將希

◆ **環境訴訟**
山崎良太・川端健太・長谷川 慧

◆ **インターネット訴訟**
上村哲史・山内洋嗣・上田雅大

◆ **システム開発訴訟** 第2版
飯田耕一郎・田中浩之・渡邉 峻

◆ **過重労働・ハラスメント訴訟**
荒井太一・安倍嘉一・森田茉莉子・岩澤祐輔

◆ **特許侵害訴訟** 第2版
飯塚卓也・岡田 淳・桑原秀明

中央経済社